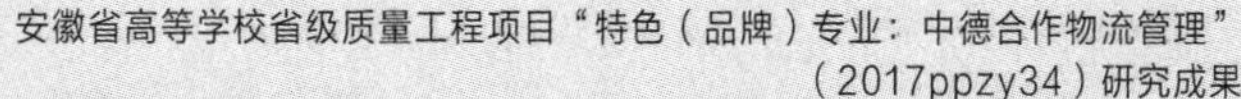

安徽省高等学校省级质量工程项目“特色（品牌）专业：中德合作物流管理”（2017ppzy34）研究成果

安徽省重大教学改革研究项目“应用型中外合作本科项目教学质量保障体系的改革与实践”（2015zdjy137）研究成果

应用型本科中外合作办学质量保障体系研究

殷 辉 编著

中国科学技术大学出版社

内 容 简 介

本书围绕大学如何为社会培养和输送高层次国际化应用型人才这一主题，立足于应用型本科教育层面，分析中外合作办学质量管理的问题。通过分析博洛尼亚进程等国际上先进的教育质量保障体系的演变历程、核心理念和具体内容，结合我国教育部对中外合作办学监控体系的具体要求，借鉴国际上的先进做法，以某应用型大学为主要研究对象，提出中外合作本科项目质量保障体系的改革建议和实施方案，并进一步探讨中外合作办学质量保障体系的建设思路，以提高应用型大学中外合作办学的教学质量，从而推动中外合作办学在质量保障基础上进行更深层次的改革和实践。

图书在版编目(CIP)数据

应用型本科中外合作办学质量保障体系研究/殷辉编著. —合肥：中国科学技术大学出版社，2020.1
ISBN 978-7-312-04880-7

Ⅰ.应… Ⅱ.殷… Ⅲ.高等教育—国际合作—联合办学—教学质量—保障体系—研究—中国 Ⅳ.G649.22

中国版本图书馆 CIP 数据核字(2019)第 299890 号

出版 中国科学技术大学出版社
安徽省合肥市金寨路 96 号，230026
http://press.ustc.edu.cn
https://zgkxjsdxcbs.tmall.com
印刷 安徽省瑞隆印务有限公司
发行 中国科学技术大学出版社
经销 全国新华书店
开本 710 mm×1000 mm 1/16
印张 8.25
字数 171 千
版次 2020 年 1 月第 1 版
印次 2020 年 1 月第 1 次印刷
定价 50.00 元

前　　言

中外合作办学是我国高等教育体系的一个重要组成部分，对推进我国教育国际化、引进国外优质资源、深化教育改革及推动高校“双一流”建设具有重要的意义。自2010年中华人民共和国教育部（简称教育部）恢复本科以上新项目申报的正常审批以来，我国中外合作办学发展得如火如荼，除了宁波诺丁汉大学、西交利物浦大学等中外合作办学机构之外，还有2000多个中外合作办学项目分布在各类高校中。然而，由于中外合作办学的复杂性、不确定性和收费高等特点，某些高校的中外合作办学质量不容乐观，甚至出现低分录取和乱收费的现象。2018年，教育部根据评估结果以及各地实际，果断“叫停”5个本科及以上中外合作办学机构、229个本科及以上中外合作办学项目，“教学评估”与“退出机制”的实施，标志着我国本科及以上中外合作办学发展到“提质增效”的新阶段。

借鉴了德国应用型科学大学的办学理念，合肥学院以“地方性、应用型、国际化”鲜明的办学定位，成为我国应用型高等教育改革的排头兵。“我们发现，德国应用科学大学主要服务于周边200公里以内的企业和地方经济发展，这和我们的理念显然不同。我们把它叫做地方性。德国应用科学大学人才培养的目标、定位、路径显著区别于普通院校，强调理论与实用维度，有系统和完善的实践教学体系，强调真题真做，到一线就能干，我们把它叫做应用型。至于国际化，不仅仅指交流规模，更重要的是研究、提炼国际上一些人才培养的成功经验、关键要素为我所用”，合肥学院原党委书记蔡敬民如此解释。而且，合肥学院30多年的中德合作办学被李克强总理誉为中德合作的成功典范，因此，本书以合肥学院经管类中外合作专业为例，研究应用型本科中外合作办学质量保障体系具有重要的现实意义。

本书共分为7章，第一章为绪论，包括问题的提出、研究的特色和安排等内容；第二章重点介绍了欧洲的博洛尼亚进程、欧洲高等教育质量保障联合会（ENQA）主要国家之间的境外教育质量保障体系的比较；第三章立足国际化的视角，基于联合国教育、科学及文化组织（简称联合国教科文组织，英文缩写为UNESCO）和经济合作与发展组织（简称经合组织，英文缩写为OECD）及澳大利亚大学质量保障总署（AUQA）的研究成果，构建质量评估指标体系，强调应用能力导向的人才培养，以及对地方经济的促进作用，最后，结合国外教学质量管理经验和国内合作办学的具体实践，从目标体系、过程体系等5个方面，针对应用型中外合作办学的质量管理体系进行了改革；第四章在阐述中外合作办学模式的基础上，分析了某应用型大学本科合作项目的创新模式及其优势，深入剖析了该模式下办学质量管理存在的问题，并定量分析了该项目的办学效果；第五章针对当前实践教学研究缺乏实质性进展的现状，深入探讨了某高校中德合作专业实践教学的改革与创新，构建了企业主导的大学生应用型实践教学体系，并分析了该体系的创新之处与应用成效；第六章从开展合作、创新发展、德国模式以及本土化办学等方面，全面解读了应用型中外合作办学人才培养模式的改革；第七章从中外合作专业教学实践和跨文化适应性的角度，探索了应用型中外合作办学课程的质量保障体系的建设，对中外合作办学的思政模块、专业模块、德语模块及国外学习等方面，进行了深入的探讨和总结。

本书的顺利出版离不开德方合作院校和合肥学院各级领导的支持和参与，包括合肥学院原党委书记蔡敬明教授、德国奥斯纳布吕克应用科学大学对华高等教育中心 Lackner 教授，合肥学院经管学院陈江华院长、宋玉军副院长，外国语学院侯继红院长等；离不开中外合作专业一线教师的教学总结和参编工作，包括黄莹莹、江玉荣、贾丹、黄新伟、刘玉、董尹、李晓雪等老师；也离不开中国科学技术大学出版社领导和编辑的辛勤编审，在此向上述领导和老师表示最真诚的谢意。

本书是安徽省重大教学改革研究项目“应用型中外合作本科项目教学质量保障体系的改革与实践”(2015zdjy137)和安徽省高等学校省级质量工程项目“特色(品牌)专业：中德合作物流管理”(2017ppzy34)的研究成果。本人作为中外合作办学负责人，希望通过此书的编著，系统总结多年来合作办学的经验与不足，为我国地方高校提升中外合作办学教学质量献计献策。本书也参考了大量的国内外学者相关研究成果，在此一并表示感谢。由于本人所学非教育学专业，能力水平有限，书中难免有不足之处，敬请相关读者批评指正。

殷　辉

2019 年 10 月

目　录

第一章　绪　　论

国际化是当今世界高等教育发展的重要特征和必然趋势，也是一所大学改革和快速发展的重要方向。《国家中长期教育改革和发展规划纲要(2010 — 2020年)》指出，“鼓励各级各类学校开展多种形式的国际交流与合作，办好若干所示范性中外合作学校和一批中外合作办学项目。探索多种方式利用国外优质教育资源。”中外合作办学有利于引进国外优质教育资源，加快教育改革开放进程，有利于国际化创新人才的培养。

2014 年国家教育部高校改革，在国内 1200 所普通高等院校中，有 600 多所转向应用型本科，即以应用型而非科研型为办学定位的本科院校。转型的大学本科院校约占高校总数 50%。与 211 和 985 等研究型大学相比，应用型大学多为地方院校和新建本科院校，普遍具有办学历史较短、科研实力薄弱、师资力量不足、财政拨款较少等特点，为了引进优质教育资源和推进教学改革，以提高办学水平和学校声誉，中外合作办学成为这类学校优先的选择。

目前我国中外合作办学呈现快速发展势头，社会影响日益扩大。根据教育部中外合作办学监管工作信息平台于 2018 年 9 月发布的数据，我国目前中外合作办学机构和项目共有 2365 个，其中本科以上机构和项目有 1112 个。伴随着中外合作办学的迅猛发展，外界也出现了对中外合作办学质量的质疑与批评，如教学质量、政策保障、监管机制、学生权益等问题。

为了控制中外合作办学的机构及项目招生规模，保证办学质量，我国从 2005 年起收紧对高等学历教育的机构及项目的审核，严格控制中外合作办学机构及项目的报批。2007 年 4 月 6 日，教育部发布《教育部关于进一步规范中外合作办学秩序的通知》，2009 年 7 月 15 日，教育部办公厅发布了《教育部办公厅关于开展中外合作办学评估工作的通知》，同年 8 月，教育部国际合作与交流司发出了《关于进一步做好申请举办实施本科以上高等学历教育的中外合作办学项目形式审查和实质内容初审工作的通知》。2010 年，教育部才恢复本科以上新申报项目的正常审批，而之前申报的项目全部作废并被要求重新申报。2018 年，教育部根据评估结果以及各地实际，果断“叫停”5 个本科及以上中外合作办学机构、229 个本科及以上中外合作办学项目，“教学评估”与“退出机制”的实施，标志着我国本科及以上中外合作办学发展到“提质增效”的新阶段。

由于中外双方的办学动机、培养模式、课程设置、管理体制、教学模式、文化背景、沟通方式等方面存在的巨大差异，中外合作办学当前仍然存在着引进优质资源的水平有待提高、办学行为有待规范、学科结构有待进一步优化、教学质量保障措施不健全等问题。因此，深入探讨占我国高等教育半数的应用型大学中外合作办学的教学质量问题，对此类大学的可持续发展和推动我国高等教育国际化的健康发展具有重要的现实意义。

第一节　研究的现状

进入21世纪以后，随着高等教育全球化的高速发展，国际上日益关注跨国教育的质量保障问题。2004年，联合国教科文组织在《全球化的教育》(*Higher Education in a More Globalization Society*)中多次强调应加强对跨国教育质量保障问题的研究。2005年，联合国教科文组织及经济合作与发展组织合作发布了《保障跨国界教育办学质量的指导方针》(*Guidelines for Quality Provision in Cross-border Higher Education*)。总体而言，关于跨境教育或中外合作办学的质量保障体系的研究主要集中于三个方面：

第一，从政府监管、经济理论等角度探讨如何加强中外合作办学的质量保障问题。吴涛从政府角度分析了中外合作办学中面临的问题，并提出了改进措施；左清以政府为研究对象，分析了监管中政府行为的漏洞，进而提出政府如何建立高等教育质量监控的对策建议；董有志从经济学角度，用产权、委托—代理和制度变迁等理论深入分析高等教育质量评估过程中存在的问题，并提出了解决的思路。

第二，从高校内部管理、师资培养等角度研究中外合作办学质量的提升。高艳昕研究了如何运用创新型途径构建中外合作办学内部质量保障体系；曹静婕认为加强对本土教师战略性的国际化培养才能提高中外合作办学质量，保证中外合作办学项目可持续发展；陈义珊以河南省部分高校为例，对高校中外合作办学内部管理模式进行了探析。

第三，从协同整合等角度对我国的中外合作办学质量保障体系进行研究。孙晓鲲分析欧美高等教育质量保障体系建设，从政府和高校两个方面提出我国高等教育质量保障体系的建设策略；龚敏认为目前我国中外合作办学教学质量未能得到保障的原因需从宏观和微观层面入手，并建立和完善合作办学的教学质量保障体系；甄海兰对河南省中外合作办学教育质量管理问题进行了研究；陈曼丽分析了江西省高等教育中外合作办学现状、问题，并提出了相应的对策建议。

综上所述，国内外学者在高校教学质量保障的研究方面取得了丰硕的成果，但与中外合作办学的发展速度相比，研究进展还存在着一定的滞后性，而且相关研究的问题比较宽泛、分散，多采用文献分析法，以案例分析和定性描述为主，其提出的对策多为理论层面的，缺乏具体的实践方法和可操作性的建议。目前还没有学者采取分类研究的方式，对参与合作办学的不同类型的中外合作办学机构或项目进行细致的研究。

本书立足于应用型本科教育层面分析中外合作办学质量管理的问题，以某应用型大学为主要研究对象，并借鉴博洛尼亚进程等国际上先进理念、有益经验和成熟做法，提出应用型中外合作本科项目教学质量保障体系的改革措施与实践方案，以达到从根本上消除教学质量隐患、规避办学风险、系统提升合作办学质量的目的。

第二节　研究目标、内容、拟解决的问题和主要特色

一、研究目标

本书围绕大学为社会培养、输送高层次国际化应用型人才这一主题，借鉴博洛尼亚进程等国际上先进的教育质量保障体系，探索中外合作本科项目的改革与实践，以期建立既符合我国中外合作办学特点，又融入国际视野的跨境教育质量保障体系。主要研究目标有以下几点：

第一，分析博洛尼亚进程等国际上先进的教育质量保障体系的演变历程、核心理念和具体内容，探讨中外合作办学质量保障体系的建设思路，以推动中外合作办学在质量保障的基础上进行更深层次的改革和实践。

第二，研究某应用型高校在中外合作办学中教学质量管理的现状，深入分析人才培养方案、教学模式、合作机制、实践教学及外教管理等方面存在的问题以及对中外合作办学质量的作用影响。

第三，考虑到我国教育部对中外合作办学监控体系的具体要求，借鉴国际上的先进做法，提出中外合作本科及以上项目质量保障体系的改革建议和实施方案，以提高应用型大学中外合作办学的教学质量。

二、研究内容

（一）跨境教育中应用型人才培养质量保障体系的研究

分析欧洲教育改革的背景、目标和意义，研究博洛尼亚进程对促进欧洲范围内高等教育合作的作用，分析博洛尼亚进程中的欧洲高等教育质量保障体系的建设思路和核心内容，并与联合国教科文组织、经济合作与发展组织、亚太地区教育质量保障组织（APQN）等开发的跨境高等教育质量保障指南进行比较，研究 ENQA 对跨境教育质量和应用型人才培养的主要贡献，并遴选适合应用型跨境本科高等

教育的保障机制和考评指标。

(二) 分析中外合作办学本科项目质量管理的现状和问题

依据我国教育部中外合作办学质量监控体系(即中外合作办学监管工作信息平台、境外学历学位认证平台、中外合作办学评估机制、处罚和引退机制、中外合作办学质量认证机制,简称“二平台、三机制”)和欧洲高等教育质量保障体系的相关要求,以某具有代表性的应用型大学为例,开展问卷调查和深入访谈,剖析应用型中外合作本科项目教学质量管理的现状、存在的问题及其深层次原因。

(三) 改革中外合作本科项目教学质量保障体系

在应用型中外合作本科项目质量管理体系现状分析的基础上,全面引入博洛尼亚进程中的 ENQA 质量保障体系,并结合我国中外合作办学的监管和应用型大学建设的实践,拟从目标体系、过程体系、评估体系、反馈体系和风险防范体系五个方面,系统地构建符合我国国情和教育国际化发展的应用型本科人才培养的教学质量保障体系。

1. 目标体系的改革

分析、总结应用型中外合作办学项目的教学质量管理的实践与模式,凝练合作办学双方的办学理念、办学特色、办学动机等,针对中外合作办学发展目标、人才培养目标和教学目标等方面的相互脱节、定位不明等问题,提出科学合理、相互支撑、双方认同的应用型中外合作办学目标体系。

2. 过程体系的改革

当前很多高校合作办学都有教学大纲和具体要求,但对每个环节大多都缺乏精细的日常管理,本书从构成要素、生源筛选、师资建设、管理制度、学业考评、教学条件等方面,分析教育输入—教育过程—教育输出三个过程的质量管理问题,提出基于全过程质量管理的应用型中外合作办学质量保障过程体系。

3. 评估体系的改革

目前高校中外合作本科项目的评估体系,多采用国家教育部针对所有高校设立办学评估体系,没有考虑到应用型大学的培养目标和各自的特色,且评估周期较长,一般在 3～5 年,本书拟借鉴 ENQA 中的考评机制,针对现有评估体系被动评估、评估体系不适用及周期过长等问题进行深入改革,建立适用于应用型大学的中外合作办学内部质量评估体系。

4. 反馈体系的改革

该体系与以上三个体系都有联系,在教学质量保证体系中起调整和监督的作用。通过分析反馈的方式、时间、渠道、内容及处理反馈的流程,构建学生、家长、教师、社会共同参与的反馈体系,以持续改进和提升教学质量。

5. 风险防范体系的改革

与传统大学普通专业相比,应用型中外合作本科项目面临着更加复杂多样的风险,本书拟根据国际风险管理理事会(International Risk Governance Council,简称IRGC)制定的IRGC风险治理框架,针对当前办学风险防范意识不足、缺乏科学防范体系等问题进行深入改革,以有效控制合作办学面临的教学质量风险。

三、研究要解决的问题

通过研究,可以解决以下问题:

(一)国际高教改革成果对应用型中外合作本科项目具有哪些启发和借鉴?

传统的本科教学质量管理体系不注重对学生解决问题的应用型能力的考察,而欧洲的博洛尼亚进程是国际上跨境教育改革较为成功的范例,旨在保证各签约国高等教育保持在一定的水准,实现毕业文凭和学习成绩互认,其质量保障体系适用于欧洲主要大学类型,如德国的应用科学大学,这对我国应用型中外合作办学项目具有重要的启发和借鉴作用。

(二)我国应用型大学的中外合作本科项目教学质量目前处在何种水平?

依据面向应用型的中外合作教学质量管理考评体系,采取问卷调查和深度访谈等方式,力争客观、科学、合理地考察现有的此类中外合作办学项目的教学质量,为提出合适的教学质量内部保障体系奠定现实基础。

(三)高校如何有效地保障应用型大学中外合作本科项目的教育质量?

通过借鉴国际上的先进做法,提出多主体、多元化的教学质量保障体系的改革建设,并与教育部"二平台、三机制"的质量监控体系紧密配合,内外并举,从而解决中外合作办学中存在的问题,共同保障应用型中外合作本科项目的教学质量。

四、研究的主要特色

(一)立足于"应用型大学"和"本科教育层面"的国际化教育办学特色

本书着眼于本科教育层面的中外合作办学教学质量保障的问题,强调中外合作办学在推动应用型大学教学改革和优质教学资源引入方面所具有的不可替代的重要作用。

(二)借鉴国际高教改革成果,改革当前中外合作本科项目教学质量保障体系

本书借鉴国际上先进理念、有益经验和成熟做法,充分考虑到应用型大学能力导向的人才培养要求,建设不同于研究型大学或高职院校的、能够体现国际视野的应用型中外合作本科项目教学质量保障体系。

第二章　跨境教育教学质量保障体系的研究

第一节　欧洲教育改革与博洛尼亚进程

分析欧洲教育改革的背景、目标和意义，研究博洛尼亚进程对促进欧洲范围内高等教育合作的作用。

一、欧洲高等教育改革的背景

欧洲经济、政治一体化和高等教育国际化催生了欧洲高等教育的改革。欧洲一体化是一个循序渐进的过程，有着深厚的历史背景和发展渊源，欧洲各国的族源、语言、信仰和习俗等非常接近，中世纪的基督教文明形成了统一的欧洲文化，康德、卢梭等奠定了欧洲共同体的思想基础，而促使欧洲迈向一体化的进程的原因主要有：第一，欧洲是两次世界大战的发源地，也是主要的战场，欧洲人们遭受巨大的伤害，对和平的诉求更为强烈，促进了欧洲统一运动的兴起；第二，第二次世界大战之后的欧洲内忧外患，其国际影响力和经济实力均失去了领先地位，欧洲单个国家更是无法匹敌于美国这个“超级强国”，有识之士认识到欧洲国家只有联合起来形成共同体，才有利于保持国际地位和保障自身安全和发展；第三，战后要实现欧洲经济的快速增长，在新的世界格局外部压力下，欧洲各国必须保持经济上的联合，这也逐渐推动了政治上的合作。

西欧六国（法国、荷兰、比利时、联邦德国、意大利、卢森堡）首先在 20 世纪 50 年代建立了煤钢共同体，开启了欧洲一体化的进程。随后，煤钢共同体的原则推广到经济和原子能领域，成立了欧洲经济共同体和欧洲原子共同体，由于同时存在 3 个共同体，政策推行中存在一些问题，上述六国在 1965 年签署《布鲁塞尔条约》，将这 3 个共同体统称为欧洲共同体，逐步形成统一欧洲大市场，并渗透到政治、社会等领域，成员国之间的教育合作不断加强。

欧洲统一大市场，特别是欧洲统一劳动力市场的建立，迫切要求调整高等教育体制，以德国为例，改革前的德国高等教育体制特色鲜明，但也存在着不利于跨境人才培养和合作交流的问题，如德国的大学入学门槛高，中学学制过长，一般德国的儿童6岁入学，小学4年，毕业后进入学制9年的完全中学（也称文法中学），通过毕业考试后，才有资格申请进入大学学习。这在一定程度上影响了外国留学生对德国大学的选择。此外，改革前的德国大学采用硕士和博士的两级学位制，没有学士学位，还有部分专业不颁发硕士学位，德国大学的博士生也不用参加入学考试，这种独特的学位制度对国际合作交流和与其他国家学位衔接非常不利。

从世界范围来看，随着经济全球化、一体化的发展和以新信息通信技术为核心的第三次科技革命的兴起，人类已经步入了知识经济时代，加强高等教育的国际或区域合作，促进知识在世界范围的传播，推动人才的广泛流动，成为高等教育发展的不可逆转的趋势，全球范围内的高等教育改革和实践已经普遍展开，如东盟高等教育合作与发展、美国高校的战略联盟、拉丁美洲高等教育一体化、非洲高等教育与研究空间、澳大利亚大学与社区联盟、欧盟与世界各国或地区的高等教育合作交流等。

欧洲高等教育一体化是欧洲一体化的重要组成部分，随着欧洲一体化的纵深推进和全球高等教育国际化的蓬勃发展，迫切要求欧洲各国加大开放高等教育、加强交流合作、增进互融互通、实现区域化和一体化，全面实施欧洲高等教育改革，共建欧洲高等教育区。

二、博洛尼亚进程及其作用

1999年6月，29个欧洲国家在意大利博洛尼亚聚会，提出欧洲高等教育改革计划并共同签署《博洛尼亚宣言》（*The Bologna Declaration*）。从此开始了欧洲高等教育改革的博洛尼亚进程。

该项改革的目标是整合欧盟的高等教育资源，使签约国之间的大学毕业证书和成绩互认，大学毕业生可以毫无障碍地在其他签约国申请继续学习硕士、博士专业或者就业，实现欧洲高等教育和科技的一体化，建成欧洲高等教育区，为促进欧洲经济、政治一体化做出贡献。

其主要内容包括建立分级明晰、互可比较的学位体系及一个以三阶段模式为基础（即学士3年、硕士2年、博士3年）的高教体系，建立学分体系，促进学生、教师的流动和学术的交流，促进欧洲范围内的高等教育合作。目前加入博洛尼亚进程的国家已达45个。

为了推进博洛尼亚进程的进展，评估总结成员国高等教育改革的工作及制订下一步的改革计划，欧盟各成员国每两年召开一次高等教育部长峰会，迄今已经在2001～2012年间分别召开了布拉格会议、柏林会议、卑尔根会议等，由于目标还未完全实现，原定于2010年结束的博洛尼亚进程还需要持续下去。

博洛尼亚进程经过多年的发展，积累了丰富和宝贵的经验，为欧洲各国高等教育发展带来了新契机，也为世界其他国家和地区产生了极大的借鉴意义，博洛尼亚进程的具体作用表现为以下几个方面：

（一）有力推动了欧洲高等教育区的建设

到2010年建成一个自由、民主、平等的欧洲高等教育区是博洛尼亚进程的改革目标。欧洲高等教育区的设想是1998年在英、法、德、意4国高等教育部长签署的《索邦宣言》中最早提出的，即建立统一的互相承认的学位制、学历制和学分制，促进师生间的跨国交流，促进国际间的合作交流，努力建设一个开放的欧洲高等教育区域。

欧洲高等教育区是欧洲高等教育一体化的具体实现。1999年召开的博洛尼亚会议，全面启动了欧洲高等教育区的建设，在《博洛尼亚宣言》中，制定了6项行动策略，即建立易理解和可比较的学位体系；建立本科生与研究生的二级学位体制；引入学分转换制度；促进各类人员的跨国流动；推进高等教育质量保障体系的建立；扩展高等教育的欧洲维度等。

博洛尼亚进程经过多年的推进，其欧洲高等教育区的建设目标在一定程度上得以实现。

（二）为非签约国家高等教育区的建设提供了实用经验

博洛尼亚进程采用定期召开部长会议的机制，为各签约国的高等教育改革进行经验总结、成效评估、问题探讨、困难解决、未来工作计划和目标制定等工作。形成了一套完整的管理操作办法，提供了具有深刻意义的实用经验：

一是充分体现了高等教育区的开放度、辐射广度和专业程度。譬如，欧洲高等教育区组织了专门的后续工作小组进行管理，小组包括了权力机关、高校教师、学生、国际组织、就业机构等各界代表。

二是扩大了博洛尼亚进程的影响力，井然有序地推进改革进程。定期召开会议，一方面可以吸纳更多的成员国，有利于扩大影响力；另一方面，所有签约国可以共商高等教育改革中出现的问题及解决措施，不断完善进程的行动目标，使改革进程井然有序地进行。

此外，定期部长会议机制促进了各签约国的合作与交流，提供了开展教育合作项目和计划的机制和平台，可以有力推动高等教育区的建设。

（三）共同提高了欧洲高等教育的质量

博洛尼亚进程的最终目标是在全球化和国际化的背景下，通过欧洲高等教育区的建设，在坚持欧洲高等教育统一性和多样化原则的基础上，扩大欧洲高等教育在国际市场的影响力和竞争力。

欧洲高等教育区通过改革，构建欧洲高等教育界共同遵守的体制框架，促进师生的跨国交流，加强区域间的合作，在欧洲范围内建立具有可比性和可读性的学位体系、欧洲学分转换和积累系统（ECTS）、学士—硕士—博士三级学位制度、欧洲高等教育总体资格框架（FQ-EHEA）以及欧洲高等教育质量保障体系，提高了欧洲高等教育系统的透明度和兼容性，为各国大学生跨国学习和就业提供了有力保障。新老签约国成员间互相学习、取长补短、弥补差距，培养具有国际竞争力的人才，共同提高欧洲高等教育的质量。

（四）保证了欧洲高等教育一体化和多样化的统一

博洛尼亚进程是一个建立在完全自愿原则上的自上而下的改革进程，博洛尼亚进程使欧洲走出了一条高等教育改革发展的新路。《博洛尼亚宣言》明确指出要在“尊重多样性的同时，改革各国现有的高等教育制度”。即在坚持高等教育一体化的前提下，保留独特性，促进其多样化的发展，如通过建立“欧洲高等教育学术资格框架”“高等教育质量保障认证制度”“学历文凭对等附录”等工具，使欧洲高等教育具有兼容性和可比性，并保留签约国富有特色的学分体系、学制模式或招生方式等。

所以，博洛尼亚进程要求改革各国高等教育的同时，必须保持多样化的特点，从而实现了一体化与多样化的统一。

第二节　欧洲高等教育质量保障体系

分析博洛尼亚进程中的欧洲高等教育质量保障体系的建设思路和核心内容，并与联合国教科文组织、经济合作与发展组织、亚太地区教育质量保障组织等开发的跨境高等教育质量保障指南进行比较，研究 ENQA 对跨境教育质量和应用型人才培养的主要贡献，并遴选适合应用型跨境本科高等教育的保障机制和考评指标。

建立高等教育质量保障体系，有利于促进人员流动、文凭学位互认，有利于增强欧洲各国高等教育的透明度和兼容性，提升欧洲高等教育的吸引力和国际竞争力。

欧盟委员会在 1991 年 11 月提出要在欧洲范围内建立一系列高等教育质量评估的构想，并于 1994 年推出了“欧洲高等教育质量评估先导计划”，试图构建欧洲高等教育质量评估保障框架，1998 年 9 月，正式发表了《关于加强欧洲高等教育质量保障合作的建议》，该文件提出了欧洲各国高等教育质量保障合作的具体建议。

1999 年 6 月，《博洛尼亚宣言》将制定欧洲高等教育质量标准列为欧洲高等教育区建设的主要目标之一，建立高等教育质量保障体系一直是欧洲高等教育区建设的核心目标。

2001 年 5 月，在布拉格会议上，各国部长提议建立一个高等教育质量保障体系；2005 年 5 月，通过了“欧洲高等教育质量保障标准”。

欧洲高等教育质量保障标准包括欧洲高等教育内部质量和外部质量的保障标准，以及欧洲外部质量保障机构自身评估的标准。其中，内部质量保障标准的内容包括高校内部质量保障的政策和程序，定期对学校开设的专业质量和学生的学习质量进行考核，对学校的学位授予权和教学人员的教学水平进行评估，对校内学习资源,包括硬件资源和软件资源,进行考察评价等。外部质量保障标准的内容包括固定的外部保障程序,评估活动的决策依据,评估过程与结果的一致性,评估报告的规范性等。质量保障机构本身评估的标准包含评估机构官方地位的合法性,评估机构的性质、目标任务的情况说明,具有一定的资金支持和人员保障,能够正常开展评估活动,评估机构自身的独立性等。

欧洲高等教育质量保障机构分为三大类:一是独立的自治机构或公共机构,如奥地利质量保障机构;二是独立的政府机构或行政机构,如法国研究与高等教育评估署;三是教育部下属的独立性机构,如西班牙的国家质量保障与认证机构。

欧洲高等教育质量保障的形式也包括内部保障形式和外部保障形式。其中,内部保障形式主要是通过机构内部评价,资格证书授予批准、监控与周期性评价,学生评价,教师评价,学生资源和学生支持评价,以及信息系统和公共信息的评价来确保质量。外部质量保障形式有三种,形式一包括评估、认证、审计和基准;形式二包括欧洲注册、质量标志和欧洲排行;形式三是指协商论坛。其中,认证是欧洲进行高等质量保障的重要措施之一,通过认证对高等教育机构进行质量评价,推动教育进步及国际认证体系的形成。如欧洲质量发展认证体系(EQUIS)是国际工商管理硕士(MBA)教育认证体系之一,对国际 MBA 教育的发展和质量保障起到了十分重要的作用。

博洛尼亚进程中的欧洲高等教育质量保障框架把签约国的高等教育质量保障系统有机地结合起来,并有意识地将欧盟教育政策渗入到签约国中,具有系统性、整体性与融合性的特点,便于成员国达成共识并从中受益。

第三节　联合国与亚太地区跨境高等教育质量保障指南

为了支持和鼓励跨境高等教育合作,强调跨境高等教育质量保障的重要性,2005 年 12 月,联合国教科文组织和经合组织联合制定了《保障跨境高等教育办学质量的指导方针》,该指导方针从高等教育机构或办学者、学生团体、质量保障和资质认定机构、学术认证机构及专业团队等方面提出了保障跨境教育质量的行动建议,以避免办学质量低下或出现滥发文凭和学位证书的违规办学者,保护学生和其他利益相关者免受其害,鼓励高质量跨境教育的发展,满足社会、经济和人文的需要。

2006 年,《关于规范跨境教育质量保障的信息包》由联合国教科文组织与亚太区域质量保障网络通过项目合作的方式共同制定,作为上述指导方针的有益补充,该信息涵盖了各国或地区在跨境教育实践中存在的重大争议及对其的思考,提出了不同模式的管理规范以及建立规范的实际步骤和可能出现的问题,它主要是通过例证，为各国发展本国的跨境教育监控制度和构建质量保障体系提供指导和帮助，为各国制定跨境教育管理规范提供参考。

2008 年 3 月，《亚太地区高等教育质量保障原则》（即《千叶原则》）由亚太区域质量保障网络公布，该原则为亚太区域高等教育质量管理提供了相对统一的质量管理标准和原则，并得到各国的共同认可，促进了亚太区域高等教育质量保障的合作，为高等教育机构和质量保障机构提供了导向，为国家质量保障方法、资格认证机构、课程和教育项目，以及相关框架提供了补充。

第四节　国外跨境高等教育质量保障体系比较

一、英国质量保障建设与跨境教育保障政策

英国是全世界较早建立高等教育质量保障体系的国家，形成了政府、社会和高校三者相互制约、互相监督的模式，其高等教育质量保障主要包括两个部分：一是内部质量保障体系，大学在确保学术自治-问责的传统下，建立了自我约束机制；二是外部质量保障体系，由社会、媒体、政府及专业机构等主体构成，其中，专业机构以英国高等教育质量保证机构（QAA）为代表发挥了重要的作用。现将其内、外部质量保障体系进行具体阐述。

（一）英国高等教育的内部质量保障体系

2001 年 7 月，英国高等教育基金会发布报告，强调保障工作重点应放在各高校内部质量保障体系的有效构建上，英国的内部质量保障主要包括高校内部最主要利益相关主体——学生以及教师的参与与构建。

学生参与英国高等教育质量保障有四种方式：一是参加各种委员会及担任高校理事，参与管理与决策；二是作为评估组成员，参与高校内部定期评估工作；三是参与全国大学生调查，为学生和家长选择高校提供参考；四是参与 QAA 的评估，满足学生对高等教育的需求。

教师是高等教育知识的传授者，直接决定了高校教育教学质量的高低。英国高校教师通过四种形式在保障高等教育质量中发挥重要作用，具体形式包括：一是教师加入高校理事会及参与校内外委员会，鼓励教授治校，教师也可以参与高等教育决策及评估；二是教师与高层管理人员举行座谈会，集中讨论教学中出现的问题，并制定相应的解决办法；三是采取正向激励方式评价教师，正向引导教师进行改进和发展；四是通过导师制使师生紧密互动，使教师和学生建立起和谐的关系，对学生进行有针对性的持续辅导，从而提高人才培养质量。

（二）英国高等教育的外部质量保障体系

英国吸收了博洛尼亚进程中关于教育质量保障的重要指导意见和经验，建立了 QAA，这是一个独立的评估机构，负责全国高等教育质量评估工作，制定全国统一的高等教育质量保障标准，建立了统一的高等教育质量保障模式，包括对各高等教学机构教学质量的控制、审计和评估三个方面。以保障英国高等教育的高质量和高水平，指导和支持高校的教学、课程改革，捍卫高校的学术标准，维护公众的切身利益。QAA 作为欧洲高等教育质量保障机构之一，开展了大量的教学质量评估工作，为高校和政府提供重要参考价值，与欧洲很多国家的高等教育质量保障机构都建立密切合作关系。

在世界各国的高等教育质保体系中，英国及美国的质量保障体系受到了世界各国的广泛认可。多元化利益主体参与教育质量评估是英国高等教育质量保障体系的一个重要特点。评估主体包含了学生、教师、中介机构、用人单位等多元化的利益相关者。中国高等教育质量评估起步较晚，评估体系还存在一些问题，如评估主体单一、评估过于行政化、评估指标不完善等，其中评估主体单一，利益相关者参与少的问题尤为突出。根据英国高等质量保障机制的成功经验，我国应该从鼓励学生和教师参与高校内部教育质量评估、加快第三方高等教育评估中介机构的建设以及从企业界选择评估人员等方面健全并完善我国高等教育质量保障体制。

二、美国质量保障建设与跨境教育保障政策

美国的波多里奇（Malcolm Baldrige）国家教育质量奖的评奖依据是“波多里奇优秀业绩评定准则”。该奖在教育领域的“卓越绩效”评定准则中提出了构成教育标准基础的核心价值观和理念，这项核心价值观和理念对于任何性质、规模的教育组织来说，都是取得成功的关键要素，并与学生的最基本需求相关。美国教育质量奖及其评奖标准《绩效优异教育标准》主要体现了以下核心价值观和理念：领导者的远见卓识；以学习为中心的教育；有组织的和个人的学习；尊重教职员工和合作伙伴；灵敏性；以未来为中心；管理创新；基于事实的管理；社会责任；关注结果及创造价值；系统观点。

《绩效优异教育标准》共有 7 个类别，含 19 个项目，每个项目又有具体领域，共包括 33 个领域。为了保持教育质量奖的先进性，帮助教育组织应对日益复杂的动态环境，聚焦于战略驱动的绩效，美国国家教育质量奖的评选标准和指标体系每年都及时地作出修订和完善，使得这一标准朝着综合的、系统的、全面的组织绩效管理不断迈进。

三、澳大利亚质量保障建设与跨境教育保障政策

澳大利亚教育质量保障体系在 20 世纪 50 年代就已逐步建立，其教育质量保障体系是五位一体的，即由联邦政府、州政府、AUQA、澳大利亚学历资格认证框架

(AQF)和大学五个部分组成。2000 年 4 月,在澳大利亚联邦政府教育、训练与青年事务部(MCEETYA)的倡议下,澳大利亚成立了一个独立的、非盈利的机构——澳大利亚大学质量机构。

在该机构董事会的领导下,每 5 年对各大学评估一次,进而监控、审计和报告澳大利亚高等教育质量保障的状况。AUQA 于 2006 年阐述了一个澳大利亚高校跨境教育质量评价方法,共有如下 17 个评价指标:办学宗旨及理念、学院领导系统、合作方的选择、协议、资金情况、主办方国家的审批同意、学生入学状态和政策控制、毕业生的社会贡献、课程安排、市场及广告、学生入学水平、语言能力、教学及学生的学习情况、评价及控制、学术支持、教会及当地社区的支持、海外校园。

国外还有部分研究以 WTO 的教育服务贸易为背景,把跨国高等教育作为商业存在形式加以论述,对跨国高等教育的质量保障以及建立国际学历学位证书互认框架等方面进行研究,其中,Lesley Wilson(联合国教科文组织欧洲高等教育联合会原主席),HansDeWit(阿姆斯特丹大学国际事务副主席),Dr. Jane Knight(加拿大多伦多大学高等教育研究专家)等专家、教授对高等教育的跨境研究有较大的影响。

第三章　应用型跨境本科高等教育教学质量评估指标体系

应用型大学是国家高等教育战略转型发展的重大部署，2015 年 10 月 21 日，国家教育部、发改委及财政部联合发布《关于引导部分地方普通本科高校向应用型转变的指导意见》(教发[2015]7 号)。而中外合作办学是应用型大学深化教学改革、提升办学水平和打造学校特色的重要途径。

国外较早就开展了应用型人才的培养，其培养模式已经比较成熟且各具特色，如美国 CDIO 工程教育模式、英国产学互动模式、德国“双元制”模式等。国外发达国家在人才培养过程中注重应用型理念的贯穿，强调实际运用理论知识的实践性教学，对学生的应用实践能力尤为重视。

国内应用型人才培养的研究尚处于起步阶段，现有教学质量评价体系多以智力考评为主，重知识掌握轻实践能力。如杨正强基于 KPI 视角研究了应用型本科院校教学质量标准的建设；赵磊等应用德尔菲法构建了地方高校应用型本科专业评判标准体系；童杰和李郡运用 AHP-模糊综合评价方法建立了应用型人才综合评价体系。

进入 21 世纪以后，随着高等教育全球化的高速发展，国际上对跨境教育(国内称中外合作办学)的质量保障问题日益关注。2005 年，《保障跨国界教育办学质量的指导方针》由联合国教科文及经合组织共同发布。2006 年，澳大利亚制定了办学宗旨及理念、学院领导系统、合作方的选择等 17 个评价指标的高校跨境教育质量评价方法。

中外合作办学相关研究近年来也逐渐引起国内学者的关注，如杨晓艳和马澜初步建立了中外合作办学效果评价体系；吴涛从政府角度分析了中外合作办学中面临的问题，并提出了改进措施；高艳昕研究了如何运用创新型途径构建中外合作办学内部质量保障体系。

然而，国内学者尚未深入研究应用型本科中外合作办学质量保障的问题，随着地方大学向应用型大学的转型发展，急需制定相关政策及法律法规，以规范和指导应用型本科高等教育国际化的办学活动，构建科学、合理、综合性办学质量评估指标体系，有利于办学主体和主管部门开展检查和评价等质量监管，从而提升应用型国际化人才培养的质量。

本章首先分析国内外先进的办学质量评估指标体系，总结我国高等教育中普遍采用的教学质量观，指出在建设应用型大学中构建合作办学质量管理指标体系的原则和路径，最后，立足于国际化的视角，基于国内外相关研究成果，依据相关绩效管理理论，构建了应用型本科中外合作办学质量评估指标体系。

第一节　应用型大学量化评估理论与方法

为了保障和比较应用型大学的办学质量，构建办学质量标准和评价指标体系，必须采用科学的量化评估理论与方法。高校办学质量量化评估工作可以借鉴企业质量管理或绩效管理的一些先进理论和思想，包括全面质量管理、目标管理法、三百六十度反馈法、关键事件法等，其中关键绩效指标（KPI）是企业绩效管理常采用的一种质量评价方法，即将组织战略规划细分为目标式量化管理指标，强调对重点工作的衡量和组织上下共同认可，具有较强的流程性和系统性的特点，应用型高校可以根据办学定位提炼重要工作领域的关键绩效指标。

教育质量观是办学质量评估工作的先导，应用型大学是以培养适应社会经济发展需要的应用型人才为目标的，21 世纪以来，随着高等教育从“精英教育”向“大众化教育”转变，应用型大学才在我国应运而生，但其办学模式还处在探索阶段，而德国、澳大利亚等发达国家出现较早，中外合作办学有利于应用型大学教学资源的引进和教学质量的提高。因此，应用型大学中外合作办学宜采取以需求为导向的教育质量观，一方面满足地方社会经济发展需求，立足区域支柱产业和新兴产业，以社会需求为核心取向，为经济社会发展提供高素质人才和智力支持。另一方面是满足应用型人才培养需求，学习和借鉴发达国家先进经验，培养具有国际化视野和创新能力的复合型应用人才，为学生去国内外工作或深造等职业发展创造条件。

鉴于层次分析法存在指标权重既不主观也不客观、指标体系随意性、无法处理指标间相关性和分析评价主要依赖于直觉等致命问题，模糊综合评价法存在指标参数模糊化、评价结果受制于算法选择等问题，数据包络法存在过于灵活及指标规模要求等局限性，考虑到应用型大学中外合作办学产出间具有强相关性、指标有限性和权重尽可能客观性的特点，因子分析法能够较好地适应这些特点，而且 SPSS 等专业统计分析软件能够较好解决因子分析的技术问题，因此，本书采取因子分析法浓缩数据信息、简化指标结构，为应用型中外合作本科项目构建科学合理的教学质量评估指标体系。

第二节　应用型本科中外合作办学质量评估指标的设定

首先依据应用型大学的定位和中外合作办学的宗旨，确定评价的目的和原则，然后在现有研究的理论基础上，结合中外合作办学实践，初步提出质量评估指标体系的基本框架，最后，运用因子分析等实证方法对指标体系进行优化。以评价应用型大学中外合作专业的发展水平，进一步发挥教育评估在应用型人才培养过程中的作用，引导和激励更多的学生成为社会所需的高素质国际化应用型人才。

一、评估的目的

应用型本科中外合作专业建立办学质量评估指标体系，通过办学质量评估，一是促使教师注重培养学生解决实际问题的专业能力，为社会培养高素质应用型本科人才；二是引导学生注重国际视野和创新能力的养成，成为适应中外企业和社会发展需要的国际化专门人才；三是发现应用型大学中外合作专业在人才培养过程中的薄弱环节和不足，不断完善办学质量评估体系。

二、评估的原则

（一）评价主体多元性原则

为培养真正适应社会所需高素质应用型人才，中外合作办学过程中的相关主体都应纳入教学质量评价体系中，并积极开展全方位、多元化的综合评价活动，如学生评教、学校评价、中外教师互评、用人单位评价、教育主管部门评估等，避免出现主观、片面的“一言堂”评价格局。

（二）系统性与简约性相结合原则

为提高评估指标体系的可操作性，在不失系统整体性的情况下，侧重选取那些直接体现地方高校应用型本科专业发展水平的指标，用尽可能少的指标涵盖主要内容。

（三）静态和动态相结合的原则

评价指标设置应覆盖反映办学发展现状和发展趋势的指标，并实时对评价体系的具体指标和权重进行动态调整，以满足社会随着时代发展及技术变革对应用型人才的不同需求。

（四）定性和定量相结合的原则

评估体系应尽量选取易获取且便于比较测量的客观性定量指标，但鉴于中外合作办学涉及大量的难以量化的重要因素，也必须结合定性指标进行评价，即定性与定量相结合。

（五）地方性与国际化相结合的原则

应用型大学培养的人才主要为区域经济发展服务的，而中外合作办学采用国外先进办学模式和理念，培养具有国际视野的现代专业人才，在指标体系中，既要充分体现应用型人才为地方服务的目标，又要体现国际教育的专业水准和跨文化交流的能力。

三、评价指标体系的设计

为支撑应用型大学的办学定位和发展战略。本书基于国际化视角、国内外研究成果和“需求导向”的教育质量观，构建了我国应用型本科中外合作办学质量指标体系。分别为：定位适应度、资源引进度、教学保障度、实践贡献度、社会满意度等 5 个一级指标和 24 个二级指标（详见表 3.1），该指标体系为办学项目自我内部评价和政府教育主管部门的外部监控提供了科学的判断依据。

表 3.1　应用型中外合作本科项目教学质量评估指标体系框架

一级指标	二级指标	指标说明
定位适应度	学科专业定位 *X*1	应用型专业、适应地方支柱产业
	人才培养定位 *X*2	应用型目标明确，培养方案可行
	所在高校影响力 *X*3	所在高校生源质量、潜在影响力等
	合作方的选择 *X*4	合作双方在办学理念、目标、水平等方面匹配性
资源引进度	外籍教师比例 *X*5	外语及专业外籍教师所占比例
	教材引进情况 *X*6	国外教材引进、消化或适应情况
	优质教育资源引进 *X*7	教学模式及设备引进，中方教师培训等
	中外共建项目 *X*8	中外共建实验室、合作科研及成果总数
	双语课程比例 *X*9	双语课程占总课程的覆盖率
教学保障度	“双师型”教师比例 *X*10	专任教师中“双师型”教师所占比例
	办学经费 *X*11	用于学科建设、实践教学经费投入
	教学设施 *X*12	多媒体教室、教学保障等
	项目管理 *X*13	项目管理制度，双方沟通渠道和文化认可度
	教学改革 *X*14	教学内容、方式、考核及实践等方面的教改活动
	实习基地建设 *X*15	校内外实习基地的数量和质量
	师资职称结构 *X*16	专任教师中高级职称教师所占比例
	实验室建设 *X*17	专业实验室所占面积

续表

一级指标	二级指标	指标说明
实践贡献度	学生实践能力 X18	学生职业素质、语言能力、创新创业竞赛
	应用型科研 X19	应用型科研项目研究经费等情况
	双学位获取率 X20	毕业生获得中外双方学位的比例
	毕业论文优秀率 X21	有一定的学术价值和实用价值
	就业对口率 X22	毕业生就业岗位与专业一致性
社会满意度	内部顾客满意度 X23	学生对专业人才培养的满意度
	外部顾客满意度 X24	就业单位对毕业生综合能力的满意度

应用型大学中外合作本科项目教学质量评价体系的设计,目的在于帮助合作双方对项目进行客观公正的评价,以检验中外合作办学的教学质量和培养质量,从而促进教学改革和学生发展,改进合作办学项目的运行管理。同时,为合作办学主体提供了教学质量评价的思路框架和指标体系,以方便对初步构建的评估指标体系开展进一步的优化分析和实证研究。

第三节　样本数据的实证分析

本书在应用型中外合作本科项目教学质量评估指标体系的基础上设计了相关问卷,并在学校相关部门的协助下,利用校内外社会关系网络,随机选取了国内高校 40 名专家或教授进行网上问卷调查,要求对上述评价指标进行评分,评分选项从非常赞同到不赞同共分为 5 项,分值分别为 9、7、5、3、1,最后,对回收的调查问卷进行筛选、整理、汇总,形成样本数据。

因子分析可以避免信息量的重复和克服权重确定的主观性,为了对 24 项初步选定的评价指标进行数据精简,找出对中外合作办学教学质量具有重要作用的主要因素,首先利用因子分析对样本数据进行深入分析,并核算该评价指标体系的综合得分函数,然后,根据综合得分函数中的系数权重对 24 项初始评价指标进行科学提炼。

一、因子分析适用性检验

采用因子分析方法必须是以指标变量间较高相关性为前提条件，否则，变量之间就不会存在公共因子了，因子分析法的适用性主要采用 KMO 样本测试和巴特莱特(Bartlett)球形检验方法，其检测结果如表 3.2 所示。

表 3.2 KMO 检验和巴特莱特球形检验

取样适度测定值		0.618
巴特莱特的球形检验	近似卡方	708.326
	df(自由度)	276
	Sig.(P 值)	0.000

KMO 样本测度为 0.618，大于 0.5，说明变量之间有较多的公共因子，且偏相关性较弱；Bartlett 球形检验结果：Bartlett 值=708.326，p=0.000<0.01，表明相关矩阵与单位矩阵存在显著差异，因而可以作因子分析。

二、因子的提取

根据主成分分析法，对指标数据进行因子提取，按照特征值大于 1 的标准，从原 24 个指标变量中提取了 7 个公因子，累计可解释原变量总方差的 79.395%。从变量的共同度表中也可以看出，24 个指标变量的共性方差均大于 0.6，表明因子提取了变量中的大部分信息，可以确信，这 7 个因子基本反映了中外合作办学教学质量评估指标的整体信息，分别记为 F1，F2，…，F7。

表 3.3 总方差分解表

成分	初始特征值			旋转平方和载入		
	合计	方差(%)	累积(%)	合计	方差的(%)	累积(%)
1	8.553	35.640	35.640	4.869	20.288	20.288
2	2.677	11.154	46.794	2.839	11.831	32.119
3	2.146	8.941	55.735	2.556	10.650	42.768
4	1.977	8.238	63.973	2.554	10.642	53.411
5	1.398	5.823	69.796	2.436	10.151	63.561
6	1.176	4.899	74.695	2.040	8.498	72.059
7	1.128	4.700	79.395	1.761	7.336	79.395
8	0.876	3.649	83.044			

续表

成分	初始特征值			旋转平方和载入		
	合计	方差(%)	累积(%)	合计	方差(%)	累积(%)
9	0.669	2.786	85.829			
10	0.515	2.146	87.975			
11	0.501	2.088	90.063			
12	0.441	1.838	91.901			
13	0.357	1.487	93.388			
14	0.311	1.296	94.684			
15	0.296	1.232	95.916			
16	0.245	1.021	96.937			
17	0.184	0.767	97.704			
18	0.156	0.650	98.354			
19	0.130	0.543	98.898			
20	0.087	0.364	99.261			
21	0.072	0.302	99.563			
22	0.063	0.261	99.824			
23	0.023	0.095	99.919			
24	0.019	0.081	100.000			

提取方法:主成分分析.

表 3.4 共同度表

	X1	X2	X3	X4	X5	X6	X7	X8	X9	X10	X11	X12
初始	1.00	1.00	1.00	1.00	1.00	1.00	1.00	1.00	1.00	1.00	1.00	1.00
提取	0.831	0.764	0.822	0.800	0.816	0.899	0.854	0.854	0.760	0.784	0.827	0.753
	X13	X14	X15	X16	X17	X18	X19	X20	X21	X22	X23	X24
初始	1.00	1.00	1.00	1.00	1.00	1.00	1.00	1.00	1.00	1.00	1.00	1.00
提取	0.829	0.851	0.829	0.703	0.640	0.737	0.837	0.741	0.705	0.776	0.798	0.845

提取方法:主成分分析.

三、因子得分

表 3.5　因子得分系数矩阵

因子	1	2	3	4	5	6	7
$X1$	−0.155	0.100	0.040	−0.151	−0.017	0.561	0.014
$X2$	0.039	−0.156	0.045	0.048	−0.075	0.332	0.025
$X3$	−0.038	−0.042	0.062	0.382	0.049	−0.202	−0.036
$X4$	0.009	−0.135	0.054	0.438	−0.135	−0.054	−0.090
$X5$	−0.054	0.134	−0.139	0.258	−0.061	0.087	0.096
$X6$	−0.110	0.131	−0.136	0.091	0.317	0.049	0.030
$X7$	−0.153	0.119	0.343	0.063	0.150	−0.034	−0.252
$X8$	0.059	−0.146	0.040	−0.061	0.382	−0.079	−0.092
$X9$	0.062	0.013	−0.192	0.009	0.146	0.232	0.029
$X10$	−0.034	−0.048	0.380	−0.018	−0.153	0.076	0.030
$X11$	−0.076	0.008	0.368	−0.064	0.014	−0.023	0.033
$X12$	−0.085	−0.067	0.029	−0.023	0.125	−0.091	0.396
$X13$	−0.023	0.335	−0.006	0.036	−0.044	−0.064	−0.122
$X14$	−0.152	0.397	0.065	−0.174	0.037	0.046	0.067
$X15$	0.024	−0.018	−0.071	−0.049	−0.138	0.096	0.547
$X16$	0.105	0.059	−0.011	0.034	−0.125	0.010	0.115
$X17$	0.078	−0.048	0.013	−0.113	0.194	0.026	0.061
$X18$	0.219	−0.221	0.069	0.061	−0.170	0.001	0.117
$X19$	0.219	−0.084	−0.003	−0.122	0.077	0.044	−0.101
$X20$	0.027	0.137	0.176	0.080	−0.238	−0.077	−0.009
$X21$	0.190	−0.093	−0.053	0.044	−0.023	−0.144	0.187
$X22$	0.279	−0.067	−0.091	−0.032	−0.021	−0.145	−0.013
$X23$	0.087	0.177	−0.146	−0.021	0.135	0.037	−0.111
$X24$	0.173	0.084	−0.081	−0.017	0.113	−0.015	−0.260

根据因子得分系数矩阵(见表 3.5)分析结果，利用回归估计方法，以旋转后各公因子的方差贡献率 $W_j(j=1,2,\cdots,7)$ 与累计方差比值为权重，由各公因子得分 $F_j(j=1,2,\cdots,7)$ 的线性组合，得出综合得分函数 F，计算公式为

$$F=\frac{\sum_{j=1}^{7}W_jF_j}{\sum_{j=1}^{7}W_j}$$

$$=0.45F_1+0.14F_2+0.11F_3+0.1F_4+0.07F_5+0.06F_6+0.06F_7$$

其中，$W_1=8.553$，$W_2=2.677$，$W_3=2.146$，$W_4=1.977$，$W_5=1.398$，$W_6=1.176$，$W_7=1.128$，24 项初始指标的综合得分可由上式得出，如表 3.6 所示。

表 3.6 评估初始指标的综合得分

指标	X1	X2	X3	X4	X5	X6	X7	X8	X9
F 值	−0.03314	0.02163	0.01119	0.0168	0.01168	−0.01009	−0.01482	0.02089	0.03538
指标	X10	X11	X12	X13	X14	X15	X16	X17	X18
F 值	0.01363	0.00258	−0.01969	0.02525	−0.0137	0.02449	0.05645	0.03731	0.07648
指标	X19	X20	X21	X22	X23	X24	—	—	—
F 值	0.07623	0.03687	0.07202	0.09201	0.05078	0.07041	—	—	—

第四节 应用型中外合作办学质量评估指标体系的构建

根据表 3.6 中评估指标的综合得分结果可以发现，部分指标（X1，X6，X7，X12，X14）的综合得分为负值，说明得分在平均值以下，这些指标对中外合作办学的综合评价影响很小，此外，还有 5 项指标的综合得分较小，分别是 X3、X4、X5、X10、X11，说明其影响也比较小，为了优化评估指标体系，可以忽略这 10 个指标，对得分较高的其他 14 个指标整理归类，并根据各指标得分计算权重，从而得出优化后的指标体系，如表 3.7 所示。

表 3.7 应用型本科中外合作办学质量评估指标体系及指标权重

一级指标	权重	二级指标	综合得分	权重
合作紧密性	0.112	人才培养定位	0.02163	0.031
		中外共建项目	0.02089	0.030
		双语课程比例	0.03538	0.051

续表

一级指标	权重	二级指标	综合得分	权重
教学保障度	0.206	项目管理	0.02525	0.036
		师资职称结构	0.05645	0.081
		实习基地建设	0.02449	0.035
		实验室建设	0.03731	0.054
实践贡献度	0.507	学生实践能力	0.07648	0.110
		应用型科研	0.07623	0.109
		双学位获取率	0.03687	0.053
		毕业论文优秀率	0.07202	0.103
		就业对口率	0.09201	0.132
社会满意度	0.174	内部顾客满意度	0.05078	0.073
		外部顾客满意度	0.07041	0.101

本节在分析应用型大学中外合作办学实践和理论研究的基础上，从绩效管理和需求导向质量观的角度，梳理了中外合作办学质量指标体系的构建思路，进而对国内40名高校专家调研数据进行了因子分析，对选定的影响中外合作办学质量的初步指标进行分析优化，得出了可运用于应用型大学中外合作办学项目评估的指标体系。

将表3.7中二级指标按照权重从大到小排列，发现学生应用型能力、应用型科研项目研究经费、毕业论文优秀率、毕业生就业专业对口率、用人单位对毕业生综合能力的满意度这5项指标的权重位居前列，共占总权重的55.5%，说明这5项指标对中外合作办学教学质量的影响至关重要，是应用型大学中外合作办学机构或项目重点关注的方向。

本书建立的评估指标体系科学合理、简捷有效，具有较强的可操作性和针对性，可以依据相关指标数据，对应用型中外合作办学教学质量进行横向和纵向的比较，为办学主体和主管部门的自查和监督提供了科学的依据，有利于相关高校科学地改进中外合作办学质量，将有力推进我国与发达国家在跨境教育等文化交流的健康发展，对应用型大学在国际化人才培养、教学模式改革和区域经济发展等方面具有一定的现实意义。

第四章　中外合作办学本科项目质量管理的现状和问题

第一节　中外合作的办学模式

我国中外合作的办学模式主要分为三种:第一种是整合型,即“4+0”模式,全面引进外方的教学大纲、课程模块、教学计划、考核方式,聘请外方教师或者双方老师共同授课,在中国境内完成学习。该模式具有“国内留学”的低成本、含金量高的双方文凭和国际化的教学方法等特点。自《中华人民共和国中外合作办学条例》颁发以来,大部分合作办学机构采取该种模式。第二种是嫁接型,即“2+2”模式,采用中外合作双方分段教学的方式,前两年在国内学习,以中方教师为主,为使学生能够了解国外教学方式,也会聘请部分外方老师承担部分课程,后两年学生赴国外学习,双方接替型开课,互认学分,完成学位课程的教学计划,可颁发双方毕业证书和学位证书。类似的还有“3+1”“3+2”等模式。第三种是松散型,单文凭形式,即聘请外方教师到国内任教,我方派遣教师或学生到外方进修或短暂学习,这种模式主要是增加国际化教学的环节,是中外合作办学的初级阶段。

近年来,中外合作办学的模式呈现了多样化的趋势,如某应用型大学中德合作物流管理专业采取的“2.5+0.5+1”混合型模式,是综合了整合型和嫁接型的新型办学模式。该校为打造办学特色,引入优质资源,提高办学层次,在国内普通物流专业发展的基础上,于2007年开始物色德国合作院校,并进行了长时间的艰苦谈判和专业申报工作,最终于2010年申报成功,这是教育部批准的安徽省第一个对外合作办学项目,也是德国DAAD基金会在中国支持的项目。

该模式学制为4年,在国内学习3.5年,在国外学习0.5年,全面引进德国先进的模块化教学模式,采用欧盟认证的人才培养方案,专业教师的50%将由德国专家教授担任,其中,在国内的每个学期都开设德方讲授的德语或专业课程,中方课程的教学内容、教学方法和考核模式均按照德方提供的模块描述进行授课,在德期间完成6个模块的专业课程,回到国内,继续完成企业项目实训、毕业实习和毕业论文等教学环节,学生按规定完成学业,通过中德双方共同进行的论文答辩,成绩合格，符合双方毕业和学位授予条件的同学，授予双方毕业证书和学士学位证书。

第二节　创新模式下中外合作办学的优势

可以看出，混合型创新模式综合了整合型和嫁接型办学模式的优势，具体而言包括：

一、具有较低廉的费用和较短的学制，这是吸引学生报考的亮点

混合型办学模式中大部分学业是在国内完成，出国学习时间较短，学费和生活开支远远少于嫁接型办学模式，尤其是与非英语教学的欧洲国家合作，费用更为低廉，以中德合作物流专业为例，每年只需缴纳国内学费即可，在德国学习期间无需额外支付学费。而且，与只在“国内留学”的整合型办学模式相比，充分利用了国外优势资源，让学生具有更好的学习体验，提高了学生的学习积极性，同时，本专业的四年制学制，也与国内普通专业一样。而嫁接型模式，如该校中外合作计算机科学的“2＋2”模式，在国外学习时间较长，由于语言、专业和跨文化的压力，一般都要推迟1～2年才能毕业。

二、更好地引进和借鉴外方的优势教学资源，从制度上保障教学的质量

在中外合作办学中，德方教授到国内授课多为集中授课，即在1～2周内，完成一门专业课程的教学任务，由于广大同学专业词汇和专业知识的匮乏，难以在短期内吸收和消化外方课程的学习内容，这也是整合型办学模式的主要缺点。而混合型模式，可以采取在学生语言和专业知识较薄弱的前期，安排较少的集中授课，较多的课程安排在国外进行授课，学生有充分的时间进行学习和吸收，从而更好地引进和借鉴外方的优势教学资源，保证了中外合作办学的教学质量。

三、有利于中外合作专业的学生管理和实习就业，社会的评价较高

混合型模式下的中外合作专业学生都是从国内高考中选拔出来的，与西方大学生相比，缺乏足够的自我管理能力，而中外合作专业需要学生通过语言关、专业关和论文关，学业繁重，要求严格，只有学校、家长和学生齐心协力，才能保证该学生顺利毕业，而嫁接型办学模式由于学生疏于管理，每年都有一定比例的学生不能

顺利完成学业，混合型模式的课程学习主要在国内完成，便于有效地进行监管和督促，虽然在国外的时间较短，但可锻炼学生的自理能力和增长学生的见识，并为在德企或德国实习就业奠定了实践基础。

四、促进中外合作双方的全面合作，增进外方对中外合作专业认同

混合型模式便于比较中外教学模式和管理模式，增进合作双方的相互了解，更好地利用德方的教学资源，促进中外学生、教师、学校和社会的沟通与交流，争取德方更多的社会资源和专业认同，如在中德物流专业德方合作方的引荐下，德国物流协会(BVL)在中国的第三个分会于2012年在该校正式成立。中德物流专业的同学在德国应用科学大学学习期间，受到当地市长的亲切接见和德国媒体的高度评价，提高了该专业在德国的社会影响力。

第三节 创新模式下中外合作办学质量管理中存在的问题

一、教学日常管理的复杂性对办学质量管理提出了更高的要求

创新模式下的中外合作办学的教学日常管理的复杂性主要表现在以下三个方面：一是中外教学管理体制的冲突对合作办学的影响，这与整合型模式相似，在专业开办之初，要对每位任课教师说明专业的特殊要求，如学分与学时的换算，教学进程的安排，考核方式和内容的要求等；二是创新模式带来的外方模块重修和补考的复杂性，这不同于整合型或嫁接型模式，以中德物流专业为例，由于在德国学习时间只有半年，一旦课程不能通过，将无法在德国安排重修或补考，只能由中方在境内安排远程补考(笔试或口试)，需要与德方反复沟通，确定合适的时间和补考方式；三是教学日常管理承担了大量的外事活动和辅助工作，涵盖了整合型或嫁接型模式涉及的主要工作，既包括外方教授集中授课的教学安排、接待、翻译和助教工作，也包括学生出国手续办理、远程教学设备的调试、境外学生的管理等工作。

二、差异化培养过程难度加大影响了办学质量管理的公正性

创新模式下随着教学进程的开展，原来通过全国统一高考进入中外合作办学项目的学生会逐渐分化成为两个不同的团体：只申请中方文凭的学生和申请双方文凭的学生。这两个团体成员数量由于各种原因不断呈现动态变化趋势，譬如，外方课程考试不通过或者外语水平太差等。鉴于中外合作专业转专业的限制和应用

型大学中师资及管理人员的不足，在创新模式下同样难以采用差异化的课程设置和学生管理，只申请中方文凭的团体必须完成同样的教学计划，对于不能通过德方考试的学生将安排中方补考，这势必带来考核评价体系的不公正。在中外合作办学创新模式下，一般更加重视申请双方文凭的学生，这又带来了教学过程的不公正。

三、外教聘用及教学监管困难影响了办学质量的稳定性

中外合作办学的创新模式增加了外教聘用及教学监管的难度，一方面，由于大部分学习是在境内完成，所以需要聘用大量的外籍语言教师和外籍专业教师，而外籍教师特别是小语种外籍教师的稀缺性，无法采用境内教师聘用的竞争上岗机制，并且存在着语言和理念的障碍，中方对外籍教师的教学督导的工作明显不足；另一方面，创新模式下还存在着境外教学的监管问题，当出现某外方课程大量不及格的现象时，难以事先控制及监管过程，这为专业的后续管理提高了难度，此外，国内聘请的外教多是1～2年的短期任教，缺乏长期的教学规划和足够的责任心。这些因素对办学质量的稳定性造成了一定的影响。

四、生源质量不高与教学要求严格影响了双证的获取比例

创新模式下，中外合作专业采用的双文凭制，即招收的学生必须要参加国内高考统一录取，一般录取分数比普通专业要低几十分不等，虽然对考生的高考英语单科成绩有一定的原则要求，但是除了少数学校的中外合作专业以外，难以全部招收到理想的生源，国外普通高校多采用“宽进严出”的政策，而国内高等教育多采用“严进宽出”的政策，在这种情况下，很多同学受国内高等教育大环境的影响，对中外合作专业的学习未能引起足够的重视，再加上语言基础薄弱和外方对教学的高标准，影响了获取双证的学生比例，以中德物流为例，经管类学科德语水平的要求较高，而中德物流招收的学生没有任何德语基础，再加上外教在德语教学中缺乏必要的应试训练，造成了不少学生因难以通过德语水平考试而不能获得德方文凭的现象。

五、语言学习与消化问题影响了专业知识的掌握

创新模式的四年学制中，语言学习和外方课程一般要占据1/2至3/5的课时，学生要花费大量的备考时间以通过外语水平考试，专业课程的学习以基础课为主，专业核心课程的学习内容不够深入，不能很好地掌握专业知识和技能，与普通专业相比，中外合作专业设置的专业模块相对减少，学生花在专业学习的时间和精力不够，再加上很多专业模块由外方用外语集中授课，造成了很多学生疲于应付、难以消化，如果是德语、法语等小语种的合作专业，语言学习与消化问题将更加突出，以上种种原因造成了中外合作专业的学生专业知识掌握不扎实，影响了专业能力的提高。

第四节 中外合作本科项目教学质量保障体系的改革

本书拟参照国内外先进经验，并结合我国中外合作办学的监管和应用型大学建设的实践，拟从目标体系、过程体系、监控体系、反馈体系和风险防范体系五个方面，以某应用型大学中德合作物流管理专业为例，提出创新模式下中外合作办学质量管理的应对策略。

一、目标体系的改革

分析、总结应用型中外合作办学项目的教学质量管理的实践与模式，凝练合作办学双方的办学理念、办学特色、办学动机等，针对中外合作办学发展目标、人才培养目标和教学目标等方面的相互脱节、定位不明等问题，提出科学合理、相互支撑、双方认同的应用型中外合作办学目标体系。

某应用型大学中德合作物流管理专业的中德方项目团队，围绕中德企业的物流岗位的能力要求，以企业项目为载体，构建了以能力为导向的模块化人才培养、核心专业模块体系、校内实验中心和校外实训实习基地、“双师”结构专业教学团队、专业与模块标准与管理制度、科研教研和社会服务的建设目标体系，为中外合作办学模式创新的顺利开展指明了建设方向。

二、过程体系的改革

当前很多大学合作办学都有教学大纲和具体要求，但对每个环节都缺乏精细的日常管理，中德物流项目从构成要素、生源筛选、师资建设、管理制度、学业考评、教学条件等方面，分析教育输入—教育过程—教育输出三个过程的质量管理问题，提出基于全过程质量管理的应用型中外合作办学质量保障过程体系。

在教育输入上，一方面，通过强化专业建设，提高专业的社会影响，并加强招生宣传，与开展德语教学的省示范高中对接，鼓励更多的符合要求的高质量生源报考中德物流管理专业；另一方面，从境外招聘专业教授在国内长期任教，或者接纳德国博士到该校访学或者长期工作，建立稳定的德方专业教师队伍，避免集中授课的弊端，降低外教质量监管的难度。

在教育过程中，通过德方认证专家的指导，全面梳理专业模块的教学内容、教学安排、考核方法等，进一步对中外专业模块各知识点的衔接环节进行系统整合，并组织团队，对德国外教的教学内容进行翻译和学习，帮助每一届同学更好地吸收和消化专业知识，同时，中方专业教师积极参与模块化教材撰写，改善专业的教学效果。

在教育输出上，借鉴德国企业网络管理模式和客户关系管理理论，系统整理包括企业信息、合作活跃程度、合作领域等详细情况和存在的具体问题，制定企业网络的建设发展规划，加强政策支持和资金投入，不断改善和优化现有网络，构建包括不同主体、不同层次，并覆盖国内外的物流企业网络，为专业实践教学和实习就业提供保障。

三、监控体系的改革

目前高校中外合作本科项目的外部监控，主要依靠我国教育部中外合作办学质量监控体系(二平台、三机制)，一方面中德物流专业按照国家要求规范教学，积极配合国家对中外合作办学评估，于 2012 年分别通过了安徽省教育厅和国家教育部的中外合作专业的合格评估；另一方面，中德物流专业的合作方作为欧盟认证专业的承办方，对该专业的教学环节和培养过程要求更加严格，在中德双方管理团队积极配合下，于 2013 年通过了德国学术交流中心(DAAD)的专业评估。

从实践的角度来看，中外合作办学的内部质量监控更为重要。如中德物流在系统分析我国教育部和德国 DAAD 等外部质量监控体系的基础上，结合应用型大学的培养目标和专业特色，针对现有评估体系被动评估、监管体系不适用及周期过长等问题进行深入改革，建立适用于应用型大学的中外合作办学内部质量监控体系。

四、反馈体系的改革

该体系与以上三个体系都有联系，在教学质量保证体系中起调整和监督的作用。通过分析反馈的方式、时间、渠道、内容及处理反馈的流程，构建学生、家长、教师、社会共同参与的反馈体系，以持续改进和提升教学质量。

如中德物流的德语教学将由外语系全面负责，外语系有丰富的语言教学和管理的经验，预期将会进一步加强中德教师的管理，中德物流教研室将会全力配合外语系，搜集学生对德语教学的意见和建议，全面反馈德语教师的上课情况和授课质量，尽最大可能改善德语教学。

针对中德物流专业的特殊规定，提前与相关部门进行充分沟通交流，必要时请示学校领导，及时解决可能面临的教学系统、教学安排等问题，获得相关部门的理解和支持，同时，与德方教学管理负责人定期交流，及时通报项目运转面临的问题和解决的情况，保障中德物流专业日常运转能够顺利的开展。

五、风险防范体系的改革

与传统大学普通专业相比，应用型中外合作本科项目面临着更加复杂多样的风险，针对当前办学风险防范意识不足、缺乏科学防范体系等问题进行深入改革，以有效控制合作办学面临的教学质量风险。

中德物流实施每周例会制度、学生每日考勤制度、四年专业导师一贯制、家长定期通报制、与德方定期视频等制度，每周一向系部领导及时汇报上周的工作总结、遇到的问题和困难，并部署工作计划，每日检查和督促同学的德语学习和专业学习情况，班级辅导员和专业导师每学期负责核对学生的模块完成情况，中方团队每两周与德方团队进行视频交流，更加准确和实时地进行信息交流，防止紧急事件和误解误判情况的出现。

中外合作办学是我国高等教育的重要内容，经过 30 多年的发展，我国中外合作办学经历了萌芽期、探索期和发展期，目前处于成熟期阶段，出现了多种办学模式，本书探索了创新模式下中外合作办学面临的新的冲突和挑战，并以某应用型大学的中德合作专业的实践为例，提出了创新模式下中外合作办学质量管理的体系构建与对策建议，为推进我国高等教育国际化提供了有益借鉴。

第五章　中外合作专业的应用型本科实践教学体系的构建:以中德合作物流管理专业为例

应用型大学满足了我国高等教育在从精英教育向大众化教育转变中对人才多样化的需求,旨在培养具备扎实的理论基础、熟练的实践能力的高级应用型人才。而物流管理专业是综合性应用学科,要求具备较高的实践技能,因此,以物流管理专业为例,探讨应用型实践教学体系的建设具有重要的理论和现实意义。

第一节　物流管理专业实践教学的研究

现代物流业对推进我国转型升级产业战略与区域和地方经济发展具有重要的支撑作用。近年来,物流业发展十分迅速,呈现全球化、智能化、多元化、复杂化等特征,这对高素质应用型物流人才的培养提出了新的要求:如何重构应用型物流管理本科教育的实践教学体系?如何将沟通、创新和实践能力融入到学生培养中?学校应该为学生提供哪些实践机会和条件?如何形成地方高校物流管理应用型人才培养的特色?

很多学者从不同侧重点探讨物流管理专业的实践教学,如王东方、沈慧芳针对实验室建设、教学组织中存在的实践教学问题,基于"三课堂"联动构建实践教学体系;李正锋设计了以专业技能实践和综合能力实践为双轨,面向企业需求的物流管理专业实践教学体系;张俊娥探讨了应用型物流管理专业的培养目标定位、课程设置改革、实践教学环节、教学形式与考核等内容;王松等认为创新能力是应用型人才培养的核心,在分析培养创新能力的影响因素的基础上,提出了课程体系构建和实践教学强化等措施建议;肖怀云探讨了在实践教学中引入大学生物流设计大赛的可行性和保障措施,以提升大学生创新能力和改善实践教学效果;娜仁图雅认为实践教学是应用型人才培养的重要手段,以纵横两个维度探讨了"能力为本"的实践教学体系和内涵建设。潘旭阳等强调应用型物流管理本科的特色是培养专精实用型的物流人才,在对物流岗位群能力需求调研的基础上,设计了应用型物流管理类综合实践教学体系,并提出了重要保障措施。胡玉州认为新常态下创新能力是物流人才培养的主要目标,其实践教学情景要近似于企业实际情况,教学中应侧重于创新实践过程的评价。

综上所述，科学、合理的实践教学体系对物流管理专业的应用能力和创新能力的培养至关重要。学者提出的“三课堂”“双规制”“能力为本”“竞赛导向”等模式，推进了物流管理应用能力培养的研究。然而，目前的研究主要涉及实验室建设、课程体系、实习实训等实践教学环节，而对如何深化产学研合作、引入企业真实情景、解决企业物流问题等方面缺乏实质性的进展，仅仅只有企业参观、毕业实习、共建专业、企业家进课堂或物流设计大赛等措施，普遍存在流于形式、疏于监管、合作不稳定、覆盖面狭窄等问题。

中外合作办学是我国高等教育的重要内容之一，有利于引进优质教学资源和先进办学理念，通过中外院校师生的沟通交流和教学实践，不仅可以提高我国高校的国际化水平，而且可以系统深入地学习外方先进的教学体系，为深化中方教育教学改革提供借鉴和思路，应用型大学是我国高等教育的重要形式，满足了社会转型期间地方经济对人才的多样化需求，而实践能力是培养理论与实际紧密结合的应用型人才的关键。

物流管理专业是对实践技能要求较高的专业，当前研究对实践教学中如何深化产学研合作、引入企业真实情景、解决企业物流问题等方面缺乏实质性的进展，本章节探讨了某中德合作物流管理专业实践教学的改革与创新，在吸收消化的基础上，构建了企业主导的大学生应用型实践教学体系，并分析了该体系的创新之处与应用成效。

第二节　中德合作物流管理专业的实践与探索

一、借鉴德国应用科学大学模块化教学模式，引入欧盟认证的专业教学课程体系，凝练应用型物流管理专业的能力构成

德国应用科学大学培养的“现场工程师”应用型人才，是德国战后经济快速崛起的秘密武器，为我国地方高校向应用型大学的成功转型提供了方向。中德合作物流管理专业是该校为近距离地学习德国教学模式和建设高水平应用型大学的重要本科项目，全面引进德国先进的模块化教学模式，共同制定专业人才培养方案，其专业教学的课程体系获得欧盟的认证，专业能力构成体现了德国应用型人才培养的要求，具体包括基础、工具化、交际化和系统化的能力。其中，基础能力是指具备德语、数学和计算机基础运用能力；工具化能力是指掌握物流管理过程中的统计、评价及优化等技术，能够针对物流具体问题建立初步的定量分析模型，并找到一定的解决方案的能力；交际化能力是指学生能够在不同的商谈和讨论中收集、整理、使用有说服力的论据，通过口头和书面形式，阐述观点和表明立场等能力；系统

化能力掌握与工作相关的知识和技能,能够系统思考和使用相应的策略和方法解决工作中的问题等能力。

二、完善虚拟仿真与实体实验中心,建立校内实验课程—科研训练—科技竞赛一体化创新人才培养机制

德方实验室建设注重与企业同步,如软件与企业相同,开放性多学科共用实验室,且有专门的实验教师开发实验项目等。

为培养学生实践动手能力、理论联系实际能力和创新能力,积极构建和完善物流管理与工程虚拟仿真实验教学中心和实体实验教学中心(物流管理综合实训和物流工程单元化物流),大幅度增加综合性、设计性、创新性实验所占比例,使其在整个实验课时中所占比例达到50%,并实现与科研训练和科技竞赛有机衔接,建立一体化创新性人才培养机制。

它打破了传统实践教学中孤立学习、师传生受的旧框框,变被动实践为主动参与,极大地激发了学生的学习热情和实践兴趣。它以现代教育理念为指导,以学以致用为目的,围绕学生的职业发展需求,强调形成积极、主动的学习态度;强调竞争与合作,改变了知识的单向传播,充分发挥学生的主体作用和教师的主导作用。

三、依托行业协会构建企业网络,以项目为主线,将沟通、创新、实践等能力融入到物流企业项目实训中

中德物流管理团队抓住国家大力推进发展现代物流业的契机,利用德国物流协会合肥分会、安徽省物流协会等学会平台,大力加强与合肥市及周边地区物流与生产制造等企业的沟通联系,建设物流管理专业实习企业网络平台,并与德国大陆集团、德国西韦德快克美建筑材料有限公司、中外运合肥物流有限公司、安徽国力物流有限公司等40多家核心企业建立了稳定的长期合作关系。

物流企业项目实训是实践教学体系中的重要模块,占10个学分,由中德方教授和企业导师共同指导完成,项目选题全部是实训企业面临的实际问题,由学生组成6～8人的团队到企业进行实地调研和深入访谈,然后运用所学的专业知识和实验工具独立给出问题解决方案,最后提交中德双文的项目实训报告,中德双方教授根据企业对方案的可行性和效益性的评价及现场答辩表现给出最终成绩,通过3个月的企业项目实训,极大地提高了学生现场解决物流问题的沟通、创新和实践的能力。强调校企之间的充分合作,这解决了“校企融合度不深”的问题。

四、中德双方密切配合，强化毕业实习的重要地位和监管力度，建立毕业实习和毕业论文的标准流程，保证应用型人才的培养质量

国内普通专业毕业实习一般从大四下学期开始，实习期仅为40天，而且管理不到位，难以保障毕业实习的有效性，而中德物流的实习期从大四上学期最后一个月开始，需要与用人单位签订正式的实习合同，实习期为3个月，德方注重与实习单位的沟通，一旦发现没有按照要求进入实习岗位、未履行实习任务、实习报告内容不合格或未按照时间节点提交等，则不能进入毕业论文的撰写环节。

中德双方非常重视毕业实习和毕业论文的质量，现在基于双方合作框架形成了有效的协商机制，制定了毕业实习和毕业论文的标准流程，并实行全过程质量监控体系，由双方负责企业网络的专职教师负责。每年10月，中德双方通过企业网络开始为学生联系毕业实习单位，同年11月，中德双方商讨和重新确认工作流程，并以学生进入实习岗位的最后一天开始计算毕业实习的时间，为保证实践教学最后环节的质量，德方要求学生必须保证12周的企业实习阶段，并撰写20页的中德文实习报告，再根据实习报告的工作内容和选题方向，确定论文最终题目，并要求在6周内独立完成。中德构建并严格实施的毕业实习和毕业论文的标准流程，保障了毕业实习的工作质量和毕业论文的真题真做真用，充分体现了应用型人才的培养模式。

第三节　企业导向的应用型实践教学体系的构建与创新

中德合作物流管理本科项目经过多年的实践，在全面引入和借鉴德国应用科学大学教学模式的基础上，提出了“以培养学生实践能力、创新思维能力”为目标，以“实践教学”为核心，以“高素质、强实践、重创新、国际化”为特色，以“双元制”和“模块化”教学模式为基础，构建“四连续、五结合、八环节”的企业导向的应用型物流实践教学体系（见图5.1）。

在该体系中践行了实践教学四年不断线、实验教学与理论教学相结合、教学研究与科学研究相结合、实验过程与学科竞赛相结合、虚拟仿真与实体实验相结合、校内实验竞赛与校外企业实训相结合、八个以创新创业型人才培养为目标的实践环节，整个实践教学体系占培养方案学时的50%。该实践教学体系在以下方面进行了有益探索和发展创新：

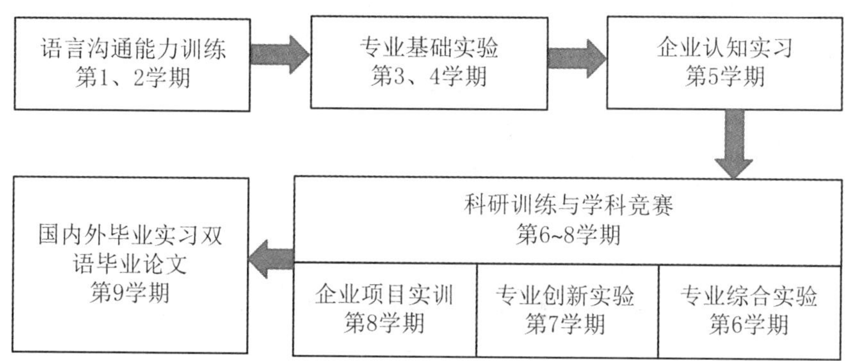

图 5.1　企业导向的应用型实践教学体系结构图

一、实践教学理念的创新

基于合肥学院中德 30 年合作平台和中德合作物流管理专业，将德国应用科学大学培养应用型人才的重要办学理念——“双元制”和“模块化”引入实践教学体系，校企合作共同制定人才培养方案和深入参与实践教学体系的构建，按照德国教学模式，全面实施模块化课程教学改革，打破学科边界，以企业需求的能力为导向，将“知识灌输”式的课程教学转变为“能力培养”的模块化教学，中德合作共建了以能力为导向的应用型人才培养的实践教学体系。

二、实践教学体系的创新

在应用型物流人才培养实践教学体系设计上，中德双方共同协商，充分把握理论教学和实践教学、校内实验和校外实训、教学研究与科学研究等并重的关系，在实践环节的设置上，紧密围绕沟通、创新和实践等专业能力，精心设计，逐层递进，共同提出基于“双元制”和“模块化”的“四连续、五结合、八环节”的实践教学体系，解决了当前应用型物流人才能力培养不足的问题。

三、实践教学模式的创新

以“项目”和“竞赛”为主线，实践教学内容任务化，以“项目”或“竞赛”的形式完成实践任务。构建了校内实验课程—科研训练—科技竞赛一体化创新人才培养机制，激发了学生的学习热情和实践兴趣。将企业真实项目引入课堂，针对专业精心规划、构思、设计、实施、运行项目，使项目教学化。依托德国物流协会、安徽省物流学会、安徽省物流与采购联合会等行业协会，中德双方共同构建了中外企业网络平台，有力支撑了应用型物流人才培养的实践教学环节。

四、实践教学机制的创新

在实践教学管理机制上，中德双方建立了分工协作和定期协商机制。以中德合作物流管理专业为例，分别设置中德项目负责人，企业网络专员和教学管理专员各一人，双方共同制定实践教学方案，建立模块负责人制度，并派遣模块化专家指导和检查模块教学情况，共同培养“双能型”或“双师型”师资，并积极联系德国企业与合肥学院共建物流实验室。在实践教学考核上，强化实践过程和面试考核，注重培养学生的团队合作、问题解决和独立表达的能力。

第四节　实践教学体系的应用与成效

一、中德共建实践教学体系显著提高了物流人才培养质量

中德物流是安徽省第一家教育部批准的中外合作专业，通过该合作项目，合肥学院可以从多方面引进德方优质办学资源，借鉴先进的专业建设与教学模式。2015 年，第一届中德物流管理专业学生全部顺利毕业，并显示了较强的就业能力和适应能力，其中 5 名同学在德国工作或攻读硕士学位，多名学生进入了中外运、德邦、德国恒流管理咨询有限公司、DB Schenker 南京分公司等知名企业。

中德物流还通过反哺普通物流管理和其他专业，人才培养质量得到显著提升，如普通物流管理专业，借鉴德国模式，采用能力导向的模块化教学改革，引入企业导向的应用型实践教学体系，学生的创新能力和实践能力不断提高，就业竞争力显著提升。近 5 年，物流管理专业就业率稳定在 98.8%以上，专业对口就业率在 80%以上。毕业生进入中外运、顺丰、德邦等国内知名物流企业的人数逐年增多，部分毕业生已成为所在单位的管理和技术骨干。

二、中德共建实践教学体系推动了物流实验实践教学平台的建设

2010 年，利用国家财政部提供的第一批支持地方高校发展项目资金及合肥市配套支持资金，建成“国内领先、省内一流”的现代物流实验平台。随着中德双方共建的实践教学体系的开展，已有的实验平台已不能满足企业导向的应用型物流人才培养的要求。2014 年，物流工程单元化实验室招标建设，省级物流管理与工程实践教育基地建设项目获批。2015 年，省级物流管理与工程虚拟仿真中心立项，拟建成虚拟物流企业经营沙盘、虚拟物流企业情景模拟、国际物流管理虚拟仿真、供应链管理虚拟仿真、企业物流虚拟仿真等实验室。同年，省级物流优化创客实验室立项。实验实训平台的建设为学生参加大学生物流技能大赛、物流仿真建模大赛等学科竞赛和开展企业实训实习奠定了坚实的基础，进一步加强了学生实践能力和创新能力的培养。

三、中德共建实践教学体系显著提高了教学建设水平

2013年，中德合作物流管理专业分别顺利通过安徽省教育厅、中国教育部、德意志学术交流中心（DAAD）三家合格评估；2013年，省级特色物流管理专业顺利通过了结项验收；2014年，国家级特色物流管理专业通过了安徽省教育厅的结项验收检查；2014年，物流管理专业成为首个通过合肥学院模块化教学改革验收的专业，国家教育部将中德合作物流管理专业的招生延长了5年，不需要逐年申请延期，这标志着以实践教学体系为重要内容的物流专业教学建设水平得到了明显的提升。

四、本成果引起社会高度关注，成果和经验得到安徽省内外高校的广泛认可

中德共建实践教学体系是中德合作物流管理专业建设的重要成果，该体系多次在省内、国内物流教学研讨会议上介绍，起到推广示范作用。如在第十四届全国高校物流专业教学研讨会，在全国首届“百蝶杯”物流仿真大赛教学研讨会上，受到了省内外同行的充分肯定，产生了积极的社会影响。中德物流管理团队还与国内兄弟院校就物流实践教学体系进行了广泛的交流，受到一致的好评和认可。

2011年，通过合肥学院与德国奥斯纳布吕克应用科学大学物流团队组建并获批“德国物流协会合肥分会”，构建了由中外企业组成的“企业网络”平台，标志着实践教学体系的初步完成并付诸实施；2013年，中德合作物流管理专业分别顺利通过中、德合格评估；2014年12月，物流管理专业通过国家级特色专业验收，标志着实践教学体系通过了实践的检验。

本节梳理了目前应用型物流管理实践教学体系的研究现状和存在的问题，在总结中外合作办学中德国应用科学大学的成功经验，提出了企业导向的应用型物流管理实践教学体系的建设措施，并分析了该体系的创新之处与应用成效，对于地方高校物流管理类专业提高大学生创新能力、培养应用型人才、构建实践教学体系具有一定的参考意义。

第六章　应用型中外合作办学人才培养模式的改革

应用型中外合作办学本科项目办学效果的评价研究
——以物流管理(中外合作)专业为例①

近年来,国家大力支持国际间的交流与合作,合作办学作为教育合作的重要模式,对培养国际型人才有着至关重要的意义。目前,合作办学项目众多、办学模式多样。在对中外合作办学不断的探索中,德国应用科学大学的应用型人才培养模式对我国高等学校合作办学有着借鉴意义。本文选择合肥学院应用型本科合作办学项目——物流管理(中外合作)专业作为研究对象,采用实证研究法,设计办学效果评价相关问卷对合作办学专业的学生进行调研,从培养目标、语言教学、专业教学和师资队伍4个方面解读项目办学效果及存在的问题,并分析其原因,以寻求改善方法。

一、合肥学院物流管理(中外合作)本科项目概述

物流管理(中外合作)本科项目是由合肥学院与德国奥斯纳布吕克应用科学大学共同发起的,借鉴德国应用科学大学培养应用型人才的办学模式,引入德国"模块化"课程体系,旨在培养"应用型、国际化、高层次"的现代物流管理人才。项目学制为4年,实行"3.5+0.5"培养模式,学业期满且成绩合格者,经中德双方认可,颁发中德双方相应的文凭证书。自2011年招生以来,中德合作物流管理专业已完成了4届毕业生培养和8届本科生招生,累计毕业学生人数为229名,累计招生人数为471名。

由于合作办学项目的特殊性,与普通专业教学组织及师资配备由一个部门统筹不同,合作办学专业的教学组织和师资配备是多方合作完成的。教学组织方面,学生在中方高校上学期间,接受中方高校的统一管理,国外上学期间则接受国外高校管理。师资配备方面,合作办学专业课程按照课程性质可以分为德语语言课程、

---

① 本文作者为李晓雪、殷辉,原载于《科教文汇》2019年第6期。

中方授课的专业课程和德方授课的专业课程。德语语言课程由专门从事语言教学的系部安排，中文授课的专业课程由专业归属的中方系部负责，德语授课的专业课程则是由德方高校安排教授。

二、合肥学院物流管理(中外合作)项目办学效果调研

为了解本专业学生对合作办学项目学习经历的满意度，本文针对中德合作物流管理专业学生进行了问卷调研。问卷发放目标为中德合作物流管理专业大学二年级及以上的学生。问卷分别从培养目标、语言教学、专业教学及师资队伍等四个角度收集学生对本专业建设和教学的评价。问卷共收回 105 份，有效问卷为 96 份，无效问卷为 9 份。有效问卷中根据性别为男生问卷 37 份，女生问卷 59 份。回收问卷大部分为在校生，其中大二有 38 份，大三有 29 份，大四有 10 份，已毕业学生有效问卷数共计 14 份。

(一) 培养目标及其效果评价

利用中德双方优质教育资源培养"应用型、国际化、高层次"的复合型人才是中德合作物流管理专业的培养目标。大部分的被调查者(79.2%)认为"应用型、国际化、高层次"现代物流人才的培养目标是较为合理的，有 69.8%的被调查者希望能在中外办学项目中学到以后能用到的专业知识。同时，对学生各项能力的培养也是大学教学的重要目标。64.6%的被调查者表示希望能在大学学习过程中培养独立思考和分析问题的能力。此外，66.7%的被调查者表示针对中外办学项目引进更多的国外先进思想和技术也是重要培养目标。这一点从选择中外合作办学的原因中也可以看出，大部分的被调查者(77.1%)表示开阔视野与国际接轨是选择合作办学的主要原因。

对于培养效果，被调查者也在不同方面给予了肯定。学习体验方面，大部分被调查者对本专业的学习经历、专业对社会需求的适应性、专业前景和学习兴趣等方面给出了肯定的评价。累计 52.1%的被调查者对本专业的学习经历是满意的，累计 54.2%被调查者认为本专业对社会需求的适应性很强，累计 64.2%的被调查者对本专业的前景抱有信心，累计 46.9%的被调查者表示对本专业的学习兴趣与入学时相比有明显提升。能力培养方面，累计 79.2%的被调查者表示，学习该专业后，沟通能力与入学时相比有明显提高，同时累计 80.2%的被调查者表示国际化的沟通能力也得到了提高。此外，41.7%的被调查者表示其分析与解决问题能力有所提升。而在专业知识、创新能力和熟练运用外语的能力方面，大部分被调查者则表示没有表现出明显的进步。

关于毕业后的打算，大约有一半的被调查者(49%)表示毕业后选择继续深造，而在选择继续深造的学生中，大部分(74.5%)表示希望出国深造。

(二) 语言教学评价

语言教学是本专业的主要瓶颈。对德语教学评价的调查结果显示，54.2%的

被调查者表示老师备课很认真，42.7%的学生表示大部分情况下教学进度合适。在互动性上，只有39.6%的被调查者表示和老师之间有经常互动。针对教学内容，大部分被调查者(77.1%)表示德语课上的内容不能满足德国教授专业课的需求。77.1%的被调查者表示德语教学的效果不好。

针对外教课的调研结果显示，49%的被调查者表示外教课生动有趣、课程内容很新鲜，从外教课上可以学到很多外国文化知识，42.7%的调查者表示外教引进了外国先进的教学方法，36.5%的调查者表示外教引进了外国先进的教学内容，33.3%的被调查者表示与外教的交流和讨论很融洽。

(三) 专业教学评价

中德合作物流管理专业专业教学由中德双方专业教师共同承担，中方授课专业课主要集中在前5个学期，德方授课专业课主要集中在第6、7两个学期。授课模块中、德各占一半。我们调查了学生对中德双方专业课程评价。调研结果显示，只有30.2%的被调研者能够听懂全部或大部分的德语专业课内容，35.4%的被调查者只能听懂一半的课程内容，而约有34.4%的被调查者表示只能听懂少部分甚至完全无法听懂德语专业课程。

针对德方专业课程，53.1%的被调查者表示德方教授教学进度太快，36.5%的被调查者表示教学进度计划混乱，30.2%被调查者表示教学内容零散，37.6%的被调查者表示德方教学效果不佳，20.8%被调查者表示德国教授教学方法和手段不科学。在教学理念、教学态度、教学经验等方面则有较少的问题反馈(不足20%)。而在中方专业课程的教学上，31.3%的被调查者表示中方教师教学进度太快，26%的被调查者表示教学进度计划混乱，26%被调查者表示教学内容零散，36.5%的被调查者表示教学效果不佳，30.2%被调查者表示教学方法和手段不科学。在教学理念、教学态度、教学经验等方面则有较少的问题反馈(不足20%)。

(四) 师资队伍评价

建立优质的师资队伍是合作办学教学质量的保障。调查结果显示，50%的被调查者对中外教师比例是比较认可的，41.7%的被调查者对教师师德师风表示认可。而在队伍稳定性(26%)、教师年龄结构(27.1%)、教师学历结构(32.3%)、双语型教师(28.1%)等方面的认同度则较少。

三、结论和建议

总的来说，中德物流项目在培养目标定位、能力培养和师资力量等方面获得了肯定，但语言教学效果及德语授课的专业课教学效果不佳。为改善办学效果，本文结合中外办学特点提出以下建议。

(一) 制定契合专业特点的语言培养方案

中外合作办学项目常常具有特定的专业方向，培养方案应该融合语言培养方案和专业培养方案，两个培养方案须相互契合。中德合作物流管理专业定位为培养企业经济学物流管理方向专业人才，所授课程为企业经济学和物流管理专业相关课程，一半的专业课程由德方教授采用全德语授课，这就要求学生掌握丰富的物流及企业经济学领域专业词汇，而项目初期的德语课在授课内容及教材选用都是针对德语语言等级考试，没有针对物流方向的德语专业词汇进行教学和汇总语言教学环节和专业教学环节完全脱节，语言教学的内容无法满足专业课学习要求。目前，中德物流项目不断改善语言方案，增设专业德语课程，提升学生专业词汇积累，增加语言教学与专业教学的匹配度。

（二）增加中方助教在德方专业课课前和课后辅导

中外合作办学项目的专业课程通常由中外双方教师共同承担，外籍教师由于地域原因通常采用短期全天集中授课形式，学习时间紧、任务重，导致学生没有充足的时间去复习并理解课上内容。针对这一问题，建议增加中方助教在课前和课后的专业辅导，通过重难点讲解、答疑等方式帮助学生理解课上内容。

（三）引入远程视频授课等现代化教学手段

中外合作办学在教学手段上可尝试传统的现场教学和网上教学相结合的模式。近年来，由于互联网技术的发展，视频教学、网上教学等方式进入大众视野，网络视频教学、“微课”“慕课”等教学手段因其灵活性、不受地域限制以及可反复观看等特性非常适合在合作办学项目中推广。目前中德物流项目的部分课程考试（口试）、毕业答辩以及毕业典礼等，已经采用远程视频的方式并取得了较好的效果。

开放合作，创新发展

——探索中国特色应用型大学建设之路①

合肥学院与德国应用科学大学有近30年的合作历史。2003年，合肥学院在全国率先提出并落实“地方性、应用型、国际化”办学定位，借鉴德国经验，开放合作，创新发展，推进应用型大学建设，在中国地方本科高校转型发展和高等教育改革中发挥了引领和示范作用。

2015年10月30日，李克强总理和德国总理默克尔访问合肥学院。李克强总理指出，“合肥学院30年来的发展壮大是中德务实合作的成功典范”，以“三十而立、卓有成效、根深叶茂”充分肯定学校改革与发展成果，并寄予再创“中德合作未来更辉煌的30年”的期望。默克尔总理指出，“合肥学院是中德近30年合作的光辉典范”。两国总理决定在合肥学院设立“中德教育合作示范基地和合作基金”，进一步促进中德两国教育在更大范围内的合作交流。

---

① 本文作者为蔡敬民、许徐，原载于《应用型高等教育》2017年第2卷第1期。

一、转型发展的四个阶段

合肥学院转型发展历经4个阶段:2003年率先提出应用型办学定位,开展教育思想观念大讨论,完成思想观念的转型。2005年全面实践、构建系统化的应用型人才培养体系,以2009年学校《借鉴德国本科应用型人才培养体系的研究、创新与实践》课题获国家教学成果二等奖为标志。2009年以来进入深化转型阶段,根据国际高等教育理念新变化,强化内涵建设,以2014年学校《突破学科定势,打造模块化课程,重构能力导向的应用型人才培养教学体系》课题获得国家教学成果一等奖为主要标志。2016年,为了深化应用型人才培养模式改革,结合德国"双元制"高等教育领域的新探索,与德国大陆集团、埃姆登/里尔应用科学大学开设机械设计制造及其自动化专业(生产技术方向),首批25名学生已开班。这是中国第一个真正意义上的"双元制"高等教育专业。

二、转型发展的重要举措

(一) 办学定位向"应用型"转变

合肥学院在研究德国应用科学大学特征和属性基础上,从2005年开始,围绕培养学生创新和实践能力这一中心,重构人才培养体系。按照系统设计、分步实施、项目推动的原则,围绕专业、人才培养方案、教师、学生和保障机制等关键要素,以学生为中心,在调整专业结构、修订人才培养方案、重构课程体系、改革教学方法与手段、应用型师资队伍建设和质量监控体系等方面进行一体化设计与改革,实现向"应用型"转变。近5年,合肥学院累计获国家级教学成果奖2项,省级教学成果奖45项。

(二) 专业结构向"需求导向"转变

立足"地方性"办学方向,推动学科专业建设由"根据资源建专业"向"根据需求建专业"转变,强化对区域产业发展的支持和贡献。目前,合肥学院52个本科专业基本涵盖安徽省电子信息、装备制造、化工、现代物流、家电等主导产业和新能源、新材料、节能环保等战略性新兴产业。世界500强的德国大陆公司在合肥落户,其德方人员表示,之所以选择合肥,一个重要原因就是合肥学院有他们需要的大量具有德语背景的专业学生。

(三) 培养方案向"知识输出导向"转变

在人才培养方案构架上,改"知识输入导向"为"知识输出导向",使学生的知识、能力和素质更加对接业界需求。一是合肥学院成立了由本校教授和企业界人士组成的专业指导委员会,参与人才培养方案制定;二是强化实践教学,增加一个6学分的认知实习学期,调整实践教学课时比例(目前工科专业实践学分为40%,文科为30%以上),制定专业选修模块,毕业论文真题真做(有的专业超过80%);同时,坚持大教学观,把第二课堂纳入人才培养方案,学校层面每年拿出180万元资金支持学生社团活动和科技创新活动。

(四) 课程体系向"技术逻辑体系"转变

课程体系建设改学科导向为专业导向,从"学科逻辑体系"向"技术逻辑体系"转变。第一阶段是实现从"学科导向"向"专业导向"转变,将传统教学过分强调知识的系统性转向根据专业人才培养所需要的能力和素质来确定教学内容。第二阶段是构建一个体系,即模块化课程体系。着眼于学生能力培养,引入欧洲各国正在实施的模块化教学,重新组织教学结构。第三阶段是推进实践教学改革。更新实验室建设理念,引进"少台套、大循环"模式,建设实验室。在实验教学内容方面,开设综合性、应用性和设计性实验,积极探索工程性、研究性和个性化实验,注重培养学生解决生产中实际问题的能力和复杂工程问题的能力。将第一课堂、第二课堂、显性课堂和隐形课堂结合起来,创新实习基地建设模式,强调毕业论文真题真做。

(五) 教学过程向激发学生"内驱力"转变

一是调动学生学习内驱力。2005 年即开设"专业导论"课和设置认知实习学期,使学生学习目的更明确,更加理性地选择专业方向、课程模块。二是实行"N+2"考试改革。末端考试变为过程监控,培养学生自主学习能力。三是在"N+2"考试改革的基础上,引进欧洲"学习负荷"(即 Work load)学分计算办法。四是开展PBL、CDIO、翻转课堂等教学方法与手段改革。

(六) 师资队伍向"双能型"转变

注重提高教师培养应用型人才能力和产学研合作能力。一是重点引进具有企业经历和工程经验的教师和国外智力资源。已引进高层次人才 75 名,外国专家 70 多人次。二是通过"双聘双挂"整合校内外师资资源。与 30 多家企业建立了"双挂"(教师到企业,企业高级人才到学校)、"双聘"制度(学校、系部两个层面聘任企业人才)。三是实施教师实训计划。专业课教师和专业基础课教师每个任期内到企业实习时间不少于半年。四是重视实验师资培养。设立实验技术教研室,把实验教师和理论教师同等对待。五是积极探索应用型本科高校教师评价方式。通过项目制,鼓励教师积极推动教学方法与手段改革。目前在专任教师中,有企业工作经历、行业背景、工程背景和经过行业培训的近 6 成。

(七) 育人机制向"两个开放"转变

一切围绕学生的培养配置资源,实现由学校内部封闭系统向"产学研合作"和"国际合作"的两个开放系统转变。一是建立"双进双培"制度,学校实践就业基地进企业,企业研发中心进校园。如深装合大工业设计有限公司由全国最大建筑装饰公司之一的深圳市建筑装饰(集团)有限公司投资建设,既是专业实践教学平台,也是企业设计研发中心。二是坚持国际合作,通过理念借鉴、专业共建、师生交流、科研合作等,培养具有跨文化交流能力的优秀人才。学校同德国、韩国、日本、美国、意大利、西班牙、奥地利等国和中国台湾地区 60 所高校建立合作交流关系,现有 16 个中外合作办学专业、中外合作培养专业,与汉诺威应用科学大学联合创办了“合肥德国应用科学学院”。

（八）质量评价向“两个满意”转变

高等教育质量应达到两个满意，即学生对学习效果满意，用人单位对高校培养人才的质量满意。学校积极探索建立与应用型人才培养相应的质量评价和保障体系。更加注重提高学生自主学习能力；增加师生互动、交流，以及因材施教，注重学生个性发展的评价权重；更加重视引导学生参与课堂讨论，鼓励学生质疑问难，培养学生提出问题、分析问题和解决问题的能力；鼓励教师实行启发式教学以及对学生的学习活动进行有针对性的指导。同时，更加注重质量评价由内部评价、自我评价、过程评价向结果评价、社会评价、学生评价、用人单位评价转变。

三、转型发展的主要成效

合肥学院探索中国特色应用型大学建设之路取得了重要成果。大学生科技创新能力、实践能力和综合素质得到进一步提高，2009 年至今，学生获国家级科技创新类奖 246 项，其中一等奖和特等奖 47 项。其中 2016 年获国家级奖项 93 项，一等奖以上奖项 13 项。如第十届“西门子杯”中国智能制造挑战赛全国总决赛全国特等奖（第 1 名）、工程创新组一等奖；葡萄牙 2016RoboCup 公开赛仿真 2D 足球组冠军；伊朗 2016RoboCup 公开赛仿真 2D 足球组季军；第 20 届 RoboCup 机器人足球世界杯大赛第 7 名。学校招生形势好，文理科分数线在安徽省内二本院校中连续名列第一，5 个专业进入一本招生。本科生就业率始终名列安徽省本科院校前茅，被授予“国家级大学生创新创业训练计划实施高校”荣誉称号。2009 年至今，全国 600 余所高校、6000 多人次组团来合肥学院专题学习考察应用型高校建设和应用型人才培养方面的做法与经验。根据教育部、兄弟省市教育厅和高校的安排、邀请，做应用型人才培养模式改革报告 120 余场。近几年来，《人民日报》《光明日报》《中国教育报》《中国青年报》《新华每日电讯》先后 60 多次报道合肥学院改革发展情况。新华社《国内动态清样》和《内部参考》先后 4 次报道合肥学院改革发展成果。

德国应用科学大学体制

——对中国也是一种成功模式①

中国已着手进行一种极具战略意义的教育、科学领域的转变。在国家教育发展的政策层面，建设一个与职业及实践紧密相连，以应用型教学、研究及发展为重点的高效能的高等教育体系现在已被提到非常高的位置。2015 年 10 月 30 日，中国总理李克强与德国总理默克尔共同访问合肥学院并参加了下萨克森州的应用科学大学与合肥学院友好合作 30 周年庆典，进一步肯定了这种改革。按照李克强总理的规划，在中德教育合作领域，合肥学院将被建成一所国家示范高校。在德方的帮助下，与实践高度结合的卓有成效的"应用大学科学模式"也将在中国全面付诸实施。

当那些闻名于世的中国顶尖大学如北京大学、清华大学已在国际大学排行榜上超过诸多德国顶尖大学时，中国的应用科学大学领域尚处在转型或起步阶段。通过回顾德国在 45 年前成功建立起的为地方经济提供高素质专业人才的应用科学大学体制，对德国应用科学大学模式作介绍，并对笔者在为中国高校教师作报告或进修培训时常被问及的一些问题予以解答：应用科学大学与其他形式的高校、特别是传统的立足于基础研究的综合性大学究竟有什么区别？应用科学大学教育与双元职业教育体制框架中的职业教育的区别何在？

通过总结那些能够表明应用科学大学体制最重要的结构特征及成功因素，有关应用科学大学体制的基本概况基本可以被呈现出来。笔者认为，通过继续共建专业、加强师生交流、共同开展研究和继续教育以及举办相关能够产生广泛影响的会议和创办公开刊物，从而可以持续深入加强中德应用科学大学领域的合作。

一、德国高等学校种类

下面对德国现行的不同形式的高等学校作概括的介绍，见表 6.1。

表 6.1　德国高等学校类型

类型	数量
高等学校总数	427
综合性大学	107

① 本文作者为 Hendrik Lacker，原载于《应用型高等教育研究》2016 年第 1 卷第 1 期，由徐刚、陈颖翻译，参考文献略。

续表

类型	数量
应用科学大学	217
行政管理应用科学大学	29
师范类高校	6
神学类高校	16
艺术类高校	52

数据表明,综合性大学和应用科学大学的数量明显高于其他类型,是德国重要的高等学校类型。与那些最早可以追溯到14世纪时期创建的第一批综合性大学(如1386年创建的海德堡大学)相比,德国应用科学大学是一种相对较为年轻的高等学校类型。现今在德国,应用科学大学的数量约为综合性大学的两倍,这说明德国应用科学大学作为独立的高校类型已在德国高校体系里成功地建立起来了。

(一) 综合性大学

最初作为教育者和受教育者的共同体的综合性大学,从历史上看,在过去几百年里被视为唯一的高等学校形式。作为综合性大学,拥有当时所存在的全部学科门类(universitas litterarum)。综合性大学至今仍承担着培养科学后备力量的任务。这一点最明显地体现在博士授予权和教授资格授予权直至今日仍然归属于综合性大学,对此,在德国拥有高等教育领域立法权和行政权的16个联邦州制定的高校法中均有相关规定。另外,对学生就业能力(employability)的培养也作为高校的一项基本任务被赋予给了综合性大学。自第二次世界大战结束以后,起源于综合技术学校以及建筑和商业学院的技术类高校、医科类高校、经贸类高校、矿山学院和在汉堡和慕尼黑的两所军事大学也享有了综合性大学的同等地位。

(二) 应用科学大学

应用科学大学通过教与学、继续教育及与实践紧密联系的研发服务于应用性的科学或艺术。

1. 创办动机

德国应用科学大学的创办起源于1968年10月31日德国联邦州为统一应用科学大学教育事业所共同签署的协议。这种新兴的、独立的高校形式得以创办是基于不同社会因素的错综交织存在。当时,德国应用科学大学的很多前身,其中特别包括那些具有悠久传统的工程及经济类学校,要求把其地位从中等学校提升至高等学校的呼声越来越强烈。并且,1960年发起的教育扩张导致了综合性大学的容纳能力严重不足,遇到了瓶颈。此外,各行各业日新月异的技术发展对受过系统科学知识教育的专业人才的需求迅猛增长。

2. 应用科学大学(Fachhochschule)概念的演变

“Fachhochschule”最初是指“高等技术专业学校”(Technische Hochschule)、

“高等农业经济专业学校”(Landwirtschaftliche Hochschulen)、“高等经济与贸易专业学校”(Wirtschafts-and Handelshochschulen)以及“艺术、音乐、矿山和森林高等专业学院”(Kunst－,Musik－,Berg-and Forstakad-emie)等。也就是说,“Fachhochschule”原本是指对那些学科特色型教育机构的总称,并且那时这个称谓下的教育机构在学术层次上较之于以前的中等专业学校(Fachschule),如中等工程学校(Ingenieurs-chulen),更接近于综合性大学。当 1971 年在德国成立第一批现今意义上的同样名为“Fachhochschule”的应用科学大学的时候,最初的那些被称为“Fachhochschule”,但实际上是学科特色型的高等学校大部分已经不是被转变成为了综合性大学,就是被赋予了与综合性大学同等的权利和地位,或是被纳入了已有的综合性大学,成为了其中的一个系。

人们之所以在 1968 年决定对这一类型的高校起名为“高等专业学校”(Fachhochschule),主要是因为其前身也同样具有学科特色性,即首先是在工程和经济领域。由于德国“Fachhochschule”的专业设置在过去几十年里扩展得非常迅速,比如出现了“卫生健康及护理”等专业,因此,“高等专业学校”(Fachhochschule)的概念就显得太狭隘且不合时宜了。基于此,德国联邦州的高校法便以“高等学校”(Hochschule)这个上位概念,或者“应用科学大学”(Hochschule fuer angewandte Wissenschaften)这个名称取代了“高等专业学校”(Fachhochschule)这一概念。很多这一类型的学校为了突出自己的办学定位和特色,取名为“经济与技术应用科学大学”(Hochschule fuer Wirtschaft und Technik)、“经济与环境应用科学大学”(Hochschule fuer Wirtschaft und Umwelt)、“技术应用科学大学”(Technische Hochschule)、“经济与法律应用科学大学”(Hochschule fuer Wirtschaft and Recht)等。后来几乎所有的德国此类高校都统一被冠以英文名称“University of Applied Sciences”,即“应用科学大学”。而英文“High School”(高级中学)的称谓则完全不适合于此,因为从教育层级上来看那是一种第二级的教育机构,而应用科学大学则属于第三级的教育机构。

3. 应用科学大学与职业学校以及双元制职业教育的区别

应用科学大学以极强的与实践高度融合性、与经济紧密相连性及应用导向性为其最明显的特色。然而,人们不得将其与在德国同样特别成功的职业教育(职业培训)体制混为一谈。最为重要的区别就是应用科学大学教育的学术性:应用科学大学的学生如要通过硕士学位考试,则须通过能够独立开展学术工作、能够以其具备的科学知识解决问题来证明其能力;而在职业教育领域,应当通过井然有序的训练进程的实施向学生传授那些将来可以直接过渡到实际工作环境所必需的技能、知识、能力(职业行为能力)。双元制职业教育是一种把企业职业培训环节与职业学校学习环节紧密结合起来的一种职业教育体制,受培训者(学徒)要同企业签订协议,每月从企业获取薪酬,并通过毕业考试来证明其是否具备职业行为能力。受培训者(学徒)若顺利通过考试则可获得一个证书,但不能获取任何学术性头衔(学位)。德国一些联邦州高教法也规定,如果大学申请者具备顺利完成3年职业教育,又能够证明其在所学职业领域有3年的就业经历,则可因其所受的此等职业预备教育(Berufliche Vorbildung)获得入学资格("3+3"模式)。

4. 应用科学大学与职业学院的区别

应用科学大学不仅不同于职业培训体系(Berufsausbildungssystem),也和职业学院(Berufsakademien)有区别。与此相关的规定在德国各联邦州大不相同,在一部分联邦州甚至完全没有职业学院。下萨克森的职业学院不具备高等学校地位,然而归属于第三级教育领域。职业学院一般是非国立性质的教育机构,它们开展至少为期3年的相关科学知识的教育以及以实践为导向的职业教育。这种形式的教育由两个部分组成:一个部分是学生在企业或者类似机构接受实践培训;另一个部分是学生在与企业合作的职业学院进行与实践培训步调吻合的学习(双元教育)。在符合一定条件的情况下,职业学院可以设置一些教学专业,这些专业的学生毕业时可获得附加专业方向的学士学位。前提是,所开设的专业需经过独立的高校专业认证机构的审核认证。在达到其他认证条件的同时,必须满足一项师资力量的基本条件,也就是说,至少有60%的教师要具备应用科学大学教授资格。

2009年,德国在巴登-符腾堡州,国立职业学院转变为巴登-符腾堡双元制应用科学大学,校址位于州府斯图加特市。

(三)行政管理应用科学大学

行政管理应用科学大学,又称为公共行政与司法行政应用科学大学,均为各联邦州的内部高校,其任务是培养将来从事高级行政管理事务的公务员后备力量。学生在学习期间与政府之间处于可撤销公务员劳动关系,并领取预备公务员工资。在过去几十年里,各联邦州发生越来越多的转变,将这些后备力量的培养任务外部化,即转到国立应用科学大学去,这除了有教育政策方面的考虑外,首先还是出于财政预算政策的原因。

(四)师范类高校

师范类高等学校在德国属于从属角色,除了巴登-符腾堡州以外,它们均已纳入到已有的综合性大学里。在巴登-符腾堡州,师范高等学校主要开设培养各类教师和涉及校外教育科学的专业。

(五)神学类高校

天主教和基督教教堂的神职后备力量主要由国立综合性大学的神学系培养,而教会高等学校的教育则聚焦于社会工作和社会教育领域。

(六)艺术类高校

艺术类高等学校致力于呵护音乐、美术、造型艺术领域的所有艺术,创造新的艺术形式和表现方式,以及传播艺术知识和传授艺术技能,并为学生今后从事文化与艺术领域的职业,以及需要具备特别艺术技能的艺术教育职业做准备。在履行这些任务的范畴内,艺术类高等学校也开展研究。

二、统计概况

下面用一些统计数据来简要描述一下德国高校在校学生人数、入学学生人数的发展以及高校教工人数的基本情况。

表 6.2　德国高校在校学生人数(包括德国学生和外国学生)表

学期	总人数	综合性大学	应用科学大学	应用科学大学所占比例(%)
1994～1995 冬季学期	1872490	1246907	395444	21.1
2004～2005 冬季学期	1963598	1372531	523808	26.7
2014～2015 冬季学期	2698910	1733048	896187	33.2

综合性大学和应用科学大学学生人数的发展趋势表明,自 1994 年以来,应用科学大学学生人数占学生总人数的比重由 21.1%增长到 2014 年的 33.2%。在此期间,应用科学大学的学生人数绝对数翻了一番多,在相同时期里,综合性大学的学生人数增长不到 40%,如表 6.2 所示。

表 6.3　入学学生人数(包括德国学生和外国学生)表

学年	总人数	综合性大学	应用科学大学	应用科学大学所占比例(%)
1996 学年	267261	164876	69985	26.2
2006 学年	344967	223067	109189	31.7
2014 学年	504882	288420	199973	39.6

如表 6.3 所示,在过去 20 年里,综合性大学的学生入学人数的增长进程也由于应用科学大学的发展而被减缓了。应用科学大学学生入学人数占总入学人数从 1996 年的 26%增加到 2014 年的近 40%。在对德国的创新力和科技领先地位产生重要影响的工程学领域,应用科学大学的传统优势凸显。在 2014～2015 学年冬季学期,选择工程学专业的新入学的学生人数为 94351,其中 55818 人在应用科学大学,38336 人在综合性大学,应用科学大学的新生人数占总入学人数约六成。

表 6.4　高校教工人数表

	德国高校	综合性大学	应用科学大学	应用科学大学所占比例(%)
教授人数 2014 年	45749	24001	18573	40.6

续表

	德国高校	综合性大学	应用科学大学	应用科学大学所占比例%
学术和艺术人员总人数 2014年	381269	274342	92600	24.3
以学术和艺术工作为主职业的人数 2014年	236364	196501	32608	13.8

应用科学大学教授人数占德国高校教授总人数的比率为40.6%，这是一个较高的水平。因此，应用科学大学教授对学生的比例要比综合性大学的教授对学生的比例高一些。2014年，应用科学大学1名教授可指导48名学生，而综合性大学1名教授需指导72名学生。不过，在这里也不应忽视，综合性大学的教学工作有很大一部分是由讲师、助教、科研辅助人员以及承担特殊任务的教师来承担的，而在应用科学大学里，此类人员尚不足四分之一。如果将所有教学人员计入的话，综合性大学的师生比在2014年为6∶3，而应用科学大学为9∶7。应用科学大学里以学术和艺术工作为主职业的总人数比重明显小于综合性大学，这是因为在应用科学大学的中层学术人员极为稀少。

三、应用科学大学的入学条件

德国高校的入学资格是由各联邦高校法规定的。在下萨克森州，申请者进入一个普通本科专业学习需要具备相应的入学条件。除了普通高校入学资格(高级中学毕业考试 Abitur)以外，获取应用科学大学入学资格(专业高中毕业考试 Fachabitur)也可以申请上应用科学大学。应用科学大学入学资格，即允许在任何一所应用科学大学的任何一个专业学习的资格，是由学校教育和相关职业教育两部分组成。比如，学校教育部分的证明可以是一所11年级制高中的毕业证书，而相关职业教育证明则是完成至少不短于一年的实习。若申请者既没有普通高校入学资格(高级中学毕业考试 Abitur)，也没有应用科学大学入学资格(专业高中毕业考试 Fachabitur)，则职业预备(Berufliche Vorbil-dung)可作为专业相关或专业非相关的高校入学敲门砖。

与综合性大学不同，在应用科学大学学习的学生超半数以上是来自于非知识分子家庭，是家庭中的“第一代大学生”。基于这个背景，可以说，应用科学大学还扮演了一个重要的社会政治角色，因为它们使得通过教育实现社会地位的提升，即社会流动及机会公平性成为可能。

四、博洛尼亚进程的影响

博洛尼亚进程使德国高等教育领域发生了持久的变化。1999 年 6 月 19 日，在意大利城市博洛尼亚，来自 30 个欧洲国家的教育部长签署了博洛尼亚宣言，在之后召开的一系列会议上又不断对此继续完善，从而奠定了欧洲高等教育区的基石，在此期间，属于这一区域的欧洲国家也发展到 47 个。博洛尼亚进程的最基本目标可概括为以下几点：引入一个容易理解以及可以比较的学位体系；引入学士、硕士学位分级学业体制；引入可以最大程度促进学生流动的学分体制；促进欧洲高等教育区内学生和教师的流动。

五、专业类型、学位和通过率

（一）学士学位专业类型

德国的应用科学大学主要设置学士及硕士学位专业（Bachelor-and Masterstudiengange）。2014～2015 学年冬季学期，德国的应用科学大学共开设 5242 个专业，其中 98.7％为学士学位专业（共 3234 个）和硕士学位专业（共 1940 个，其中包括 416 个继续教育硕士专业）。以前，学生在应用科学大学学习的是典型的单一硕士专业（Diplomstudiengange），学业结束时学生可获得世界闻名的德国“硕士Diplom（应用科学大学 FH）”文凭，在博洛尼亚进程的实施及引入学士—硕士分级学制的过程中，这些单一硕士专业完全被本科、硕士专业所取代。根据高校框架法第 19 条第二段第二句的规定，本科专业的法定学业学习时间至少 3 年、最长 4 年。据此，德国应用科学大学有着不同的具体做法。约一半的应用科学大学本科专业的学业时间为 7 个学期，近 40％的应用科学大学本科专业的学业时间为 6 个学期，仅有 10％的应用科学大学本科专业的学业时间为 8 个学期。

传统的高校学习形式是学生主要在高校上课学习，并把主要精力放在学习上。除此以外，应用科学大学也在不断增加创新型的、可以采用其他学习形式来攻读的本科专业。

1. 双元制专业

在应用科学大学中，“双元制学业”提供的本科专业显得特别重要。双元制学业把在高校的学习与职业教育或职业实践联结在一起。与非全日制学习不同，这种制度下，学生的职业生活，或者说得更准确些，即其在职场的操练，是属于人才培养方案里规定的必修部分。这一部分的含量可以从包含在学业内的企业实践扩展到一个完整的职业培训，即在完成学业的同时也完成职业培训。那些含职业培训的专业就是把在应用科学大学的学习和一个被认可的职业培训联结在一起。学生毕业时，在获得学士学位的同时还可获得第二个证书，即一个被认可的职业培训证书。学习含职业培训的专业的入学条件是，除了高校入学资格以外，还要与一家企业签订职业培训协议。

2. 在职大学学习

在职学习专业的学生都有自己的全职工作，即他们是用全职工作之外的时间来进行学习的。因此，学生的大部分学习负荷(Studentisches Workload)并不集中在当面教学，而是自学，并辅之以主要集中安排在周末的学习研讨会、虚拟教学(E-learning)及教师提供的学习讲义或参考资料。

3. 远程学习

远程学习是一种有引导的自学学习，它在时间上和空间上不依赖于教师。主要教学方式包括通用的媒体(如 E-learning 或教师的辅导信件等)和调减到最低限度的必要的当面教学。

4. 非全日制学习

这是为那些仅能保证有 50%的时间完成学习任务的学生仍有机会完成大学学业而提供的一种方式。这种学习方式不像双元制专业那样要求学生利用其可支配的所有时间。非全日制学习必然导致学业时间的延长。

5. 国际专业

国际专业要提供至少 40%的用外语开设的必修课，其教学内容不仅要传授生活用语，还要传授专业外语。此外，还必须要有在协议上商定的两个学术头衔(学位)来结束学业。国际专业的人才培养方案须和一个或多个外国院校达成一致，共同设计和开办是最理想的情况。

(二) 硕士专业

1. 延续式硕士专业

延续式硕士专业不仅可以继续深化或延展本科专业的内容，也可以跨专业拓展或偏离原专业，也就是说，它们在专业内容上不必是叠加的。本科、硕士专业学习可以在不同高校、也可以在不同形式的高校进行，还可以在第一和第二学习期间就业。应用科学大学本科专业的毕业生可以像综合性大学毕业生一样在综合性大学进行硕士阶段的学习。同样的，综合性大学的本科毕业生也可以到应用科学大学完成其硕士阶段的学习。

2. 继续教育式硕士专业

攻读继续教育式硕士专业的前提条件是在取得一个高校的毕业资格之后拥有不短于一年的职业实践经验。继续教育式硕士专业的内容特别兼顾学生已具备职业经验并以此为起点。

3. 学位

应用科学大学可以颁发学士学位和硕士学位，但独立拥有博士学位授予权的机构(至少)目前仍被综合性大学所垄断。所以，应用科学大学在过去没有博士学位授予权。个别联邦州已开始尝试，允许应用科学大学研究能力特别强的教授在一个有综合性大学参与的以保证质量为宗旨的过程中享有同等权利地参与博士生的培养。由博洛尼亚改革带来的本科、硕士分级制的引入使得应用科学大学和综合性大学所颁发的学士、硕士学位完全等值。每个应用科学大学拥有学士学位的毕业生可以毫无障碍地在综合性大学申请攻读硕士专业，拥有应用科学大学硕士学位的毕业生也可以申请在综合性大学攻读博士学位。

4. 直接升硕过渡率

所谓直接升硕过渡率，是指在高校里获得学士学位后直接进入硕士专业学习的学生人数占全部取得第一级职业资格证书的学生人数的比例。应用科学大学毕业生中的这一过渡率约为50%，而综合性大学的过渡率接近70%。也就是说，在应用科学大学获得学士学位后直接进入职场的毕业生的比例要比综合性大学高。约三分之一的应用科学大学毕业生，在决定继续进行硕士阶段的学习时，选择去综合性大学。

六、教授的招纳——应用科学大学教授的任职条件

应用科学大学是一种紧密联结职业实践的高校类型。应用科学大学是否能够做出成绩关键取决于其教授是否有能力把学术和职业实践这两个不同的世界相互连接在一起。只有同时出身并成长于这两个世界的人才能够在其间建立一个可以负重并持久性的联系。因此，应用科学大学的教授必须具备双重资格：一方面要具备独立从事高深学术性工作的能力，通常这个资格需要用超出平均水平（优 magna cum laude 或者最优 summa cum laude）的博士研究来证明；另一方面，要有将科学知识和方法成功地用于实践的经历，一般至少要求有5年以上的职业实践经验，其中完全在应用科学大学以外工作的时间应不短于3年。除此之外，还有第三个聘用条件，就是需要通过教学实践经验证明申请者在教育和教学方面是适合的。从这个角度来看，也可以有权说应用科学大学的教授需要具备三重资格。通常情况下，应用科学大学教授在任职前都已积累了非常丰富的教学经验，例如，通过担任兼职编外教师。教学法能力的考察在教授聘用过程中非常重要，申请者必须通过试讲来证明。学生对试讲会做出评价，也会对其做出评估，这一结果可能会在接下来的聘用程序中起决定性作用。

（一）应用科学大学教授学术自由的特权

联邦宪法法院现已做出了非常正确的判决，即不论是综合性大学的教授还是应用科学大学的教授，他们在教学和科研方面作为一个学科领域的独立代表，都可以享有学术、教学和科研自由的权利。学术自由的核心是，让权利所有人独立开展属于自己专业领域的教学和研究，抵御来自国家的过度干预，为其提供一个自由的空间。联邦宪法法院做出这个判决的理由是，应用科学大学的科研任务不断加强、对应用科学大学教授能力素质的要求越来越高，并且法律确定了应用型科学大学和综合性大学很大程度上拥有相同的人才培养目标，且颁发一样的学位。

（二）应用科学大学教授的薪酬及兼职工作

教授需要履行至少一部分的国家任务，这一点特别体现在考试方面。在德国，

教授一般是作为终身制公务员聘用的。公务员薪酬的制定属于各联邦州的立法权限,这就导致了不同联邦州的教授薪酬不尽相同,有时差别甚至很大。按照2002年的《大学教授薪酬改革法》规定,对公务员身份的大学教授执行W-薪酬制。据此,大学教授得到的是一份固定的,并与工龄不挂钩的基本工资,在此基础之上,还可获得绩效及职能津贴。绩效、津贴是基于聘用或留任谈判,或者在教学、科研和继续教育方面做出的特殊成绩而给予的工资。应用科学大学教授的工资级别绝大多数是W2级。在下萨克森州,现在W2级教授的基本工资为每月5369.44欧元。

鉴于多年的实践和职业经验以及在教学、科研工作过程中产生的多元化且相互作用的联系和切合点,应用科学大学教授在企业实践界一般都拥有较为宽泛的关系网。这些原则上均可以为个人从事兼职工作所用,只要不对其所服务的学校产生不利影响。兼职不必经过批准,仅需履行报告义务。兼职工作的方式和范围不得影响高校教师正常履行本职工作的义务。如果一个教授从事一份或多份兼职工作的时间每周超过了8个小时,则无论如何都是不可接受的。

(三) 应用科学大学教授的教学义务

在大多数联邦州,每位应用科学大学教授的法定教学工作量基本上都是每周18个课时(Lehrveranstaltungsstunden),每课时45分钟。这几乎是综合性大学每位教授教学工作量的两倍,根据各联邦州的不同要求,综合性大学教授每周的教学工作量为8~9课时。如果看到德国应用科学大学教授承担较高教学工作量而被认为当然,是因为应用科学大学的教授都是典型的教学型教授,那么需要了解的是,在应用科学大学的实际情况仅部分地反映了这一印象:各联邦州制定的《教学义务规章》(LVVO)规定了多种减免教学工作量的情况。教学工作量的减免不仅适用于教授在高校学术自治的范畴内担任特别职能,还特别适用于教授从事研发工作。对学生毕业论文的指导也可以减免教学工作量,一般最多减免量为2课时。州高校法还规定,应用科学大学教授在合理的时间段内可安排一般为一个学期的时间不承担教学工作,而将时间全部或部分地用于执行研究计划或完成知识、技术转化任务,这个学期被称为"科研学期"。因此,这些可能性的存在都是尽可能为应用科学大学教授创造必要的自由空间,让其从事研发工作。不过,一个人如果在教学工作中完全无法找到乐趣,而仅对研究感兴趣,那么他就不适合承担应用科学大学教授的工作。

七、应用科学大学的结构特征及成功因素

在博洛尼亚改革的过程中,许多在过去存在于综合性大学与应用科学大学之间的差异性特征被去除了。两类高校现在颁发相同的学位证书。以前应用科学大学毕业证书上被迫标明的注释"硕士Dipl.(应用科学大学FH)"已被取消。在这一背景下,应用科学大学的特色到底在哪儿?这就变成了一个十分当前的问题。下文所归纳的结构特征及成功因素尽管不完全是应用科学大学独有的特征,但整体

看来它们是可以被用来描述其内涵的。

（一）应用为导向的教学，与实践和经济密切联系

应用科学大学应严格贯彻以应用为导向的教学。学生在大学期间应该学习的是如何独立、系统、逻辑地运用所获取的专业知识和方法去解决实际的具体问题。教学的重心放在培养获取解决问题的能力上，而不是一股脑地把理论知识生硬地堆积起来。因此，应用科学大学对教学方法有着特别高的要求，因为所传授知识的应用性被不断地检验，并且还要求学生通过练习熟练地掌握对知识的运用。所以，传统的上大课报告式的教学模式一般就较少适用或者完全不适用了。教学上更多地采用对话、互动、理论—实践转换等方法。理论转化为实践的教学方法主要通过案例教学、模拟教学、商业游戏、远足调研或企业观摩等形式体现。

如前文所述，这种以满足职业实践中的需求为导向的教学是以教授们必须具备双重、甚至三重能力为前提条件的。此外，将实践环节直接纳入教学和专业的教学计划中也是必须的。应用科学大学的学生在学习进程的第二阶段通常会用一个完整的学期去实习（实习学期）。大多数学生会按照自己的专业兴趣重点选择一家企业进行实习。学生应该在其学习期间就有一段较长的时间去认识职业中的实践操作情况。他们应该学会如何在企业中融入一个团队、如何承担责任。这样，学生可以将他们在学校里获得的能力在职业生活中加以运用，同时接受来自企业实践的最新反馈，并具有自我批判意识地进行反思，考察自己是否，以及在哪些方面还存在知识和方法上的缺陷。实习学期对学生来说是一个非常好的机会，因为他们可以借此与企业建立人际关系网。通常，学生都是根据自己将来的入职考虑选择一家最感兴趣的企业来完成实习学期任务的，在很多情况下，在实习学期期间，学生就为自己将来的就业奠定了基础。

除了必修的实习学期外，许多应用科学大学的专业还规定了学生必须完成一些与学业同步的实习。这些实习的目的在于不断地引导学生接触职业实践，并对不同企业有具体的了解。应用科学大学的学生在写毕业论文时也几乎都是和企业进行合作的。最为典型的是，本科论文和硕士论文的题目都是实际问题。这样做的好处是可以保证应用性得以严格地执行：学生根据具体问题进行工作，以寻求解决方案。在理想的情况下，问题解决方案的建议能够直接为企业所采用。因此，企业参与学生论文的指导也不是绝对无私的，因为它们通常不仅可以从学生的论文中获益，而且还能与今后的后备人才直接建立联系。

以下方式也被证明是贯彻应用型导向的有效做法：通过让企业界代表兼职代课，或者在长期从事教学后授予他们荣誉教授的称号，从而让他们参与教学活动。此外，通过在各个专业建立专业咨询委员会或校企合作网络，可以有目的地让企业和其他实践机构参与到专业建设和质量管理过程中。

（二）小班教学原则

综合性大学的大课往往在一个大教室里有超过 500 名学生听讲，而应用科学大学坚持小班教学原则并取得积极成效。一个班级一般平均由 30 至 40 名学生组成。应用科学大学小班教学的很大优势在于教授可直接与学生建立联系，一般还可以叫出学生的姓名；教授可以通过研讨和对话的授课方式让学生积极参与到课堂教学中，配合学生的速度，回答学生的问题，辨别出不同学生在理解方面的困难，根据学生的兴趣确定教学重点。在小的教学班里学生很难躲起来，如果一位学生不能配合老师的课堂教学，没有做好课前准备，或是他的学习落后了，那么这种现象很快就会被授课教师发现并几次找他进行个别谈话，给他提供咨询和帮助。小班教学原则使得学生可以得到高校教师深入地、个别地辅导。

（三）紧凑、快捷的学习

小班教学原则的坚持及教师对学生的个别辅导使得紧凑、快捷的学习成为可能。与综合性大学相比，应用科学大学展现出了较低的平均学业终止率以及较短的学业完成时间。以 2012 年作为毕业学年来看，应用科学大学本科专业学生的平均学业终止率为 23%，而综合性大学的为 33%。在 2014～2015 学年冬季学期，应用科学大学里 83%的学生能够在规定的学业时间内毕业，而在综合性大学里，仅有 75.1%的学生可以做到这一点。

（四）跨学科领域的专业设置

最初，应用科学大学的专业设置局限在很少的几个核心学科领域，首先是工程学、企业经济学以及社会工作学。应用科学大学在将非传统学科学术化的过程中起到了重要的作用。最具代表性的是卫生健康领域的专业设置（护理专业、理疗专业等）。在过去的发展进程中，应用科学大学在创造性地开发新专业方面取得了很大成功，将至今仍分离的不同学科整合在一起，建成诸多跨学科的专业，如经济法学专业、健康学领域的企业经济学专业、经济工程学专业、经济心理学专业、经济信息学专业以及景观建设工程学专业等。

（五）与实践紧密结合的研发

根据各联邦州高校法就此相同的规定，应用科学大学不仅应开展应用为导向的教学，还要通过与实践紧密结合的研发服务于应用科学的发展。法律明文规定，应用科学大学教授必须从事与实践紧密结合的研发工作。应用科学大学教授搞研究，这也许在几年前还是受嘲讽的例外现象，但在今天已不会被另眼看待了。相反，应用科学大学教授搞研究恰恰吻合了法律的愿景。应用科学大学迅速增长的第三方科研经费总额已对此做出了证明。

2011 年，每位应用科学大学教授平均拥有第三方科研经费额为 25500 欧元，比 2010 年增长 10%以上。不从事研究的应用科学大学教授则需要在学校里越来越频繁地为自己没有开展科研作解释。科研能力现在已成为所有聘任教授程序中的基本考核点。这对年轻的同事来说更是不言而喻的。因为在应用科学大学里开设的研究型硕士专业日益增多，所以应用科学大学开展科研工作也越来越重要。与经济界在研究方面的合作是必不可少的，以便硕士研究生们尽早参加到研究项目里来。让学生参与到研究中表明,科学和经济的合作也可以促进教学。

特别是在工程领域,与企业紧密挂钩的委托科研历来就非常重要。在此,企业找到应用科学大学,目的是请大学以从事科研项目的方式研究一些具体的问题。而这样的科研项目也恰恰是最符合应用科学大学硕士研究生需求的毕业论文课题,因为这些课题非常具有实践和当前性。中小型企业是最常见的科研项目提供方,因为它们往往不具备必要的研究能力和基础设施。

应用型研究在近些年里已成为许多应用科学大学的形象。扎根于地方并作为创新驱动者的应用科学大学发挥着促进经济发展及落实国家基础设施政策的功能。

(六)地方性的植根

与主要坐落在大、中城市的综合性大学不同,应用科学大学往往出现在中小城市。大多数应用科学大学还分散在多个地方。应用科学大学以这种方式特别是在中等的、部分欠发达的、乡村的区域扮演了十分重要的角色。应用科学大学的大部分新生来自当地,学生毕业后在当地就业。作为地方创新伙伴的应用科学大学,是地方人才能力素质培养的核心机构,向地方经济提供高素质专业人才。

(七)国际化视野

地方性和国际化并非对立的两个概念,而是一块金牌的两面。德国应用科学大学在持守其地方性根基的同时也坚信必须要为其毕业生适应国际化的经济秩序做准备。应用科学大学毕业生中的很大一部分以后会在从事国际货物和劳务贸易往来的企业里就业。因此,促进外语能力的培养就被列入了许多人才培养方案,同样的,以海外学期形式或短期游学(如海外考察、暑期大学等)形式的国外逗留经历也被列为必修或选修课的内容。甚至在大多数应用科学大学里,学生的实习学期及毕业论文也可以在国外完成。应用科学大学对外国留学生来说也很具吸引力,这不仅是因为德国高校免收学费,更重要的是德国品牌"应用科学大学"在国外享有很好的声望。

八、结论与展望

德国应用科学大学自创立以来便以令人瞩目的方式日益发展壮大,它作为一种拥有和综合性大学同等地位的高校类型树立了以应用为导向的自己的特色。应用科学大学在未来仍会继续不断成长——不仅在数量上,而且也会在质量上。应用科学大学通过与经济界密切合作,继续为企业培养实践性强的高素质专业人才。对应用科学大学毕业生的高需求和毕业生的高就业率证明,这种持续的以满足实际需求为导向的高等教育的确是一种成功的办学模式。对当代中国来说,一个对专业人才有着巨大需求的国家,正处在从生产型、资源型的经济发展模式向创新型、高技术型及可持续发展的、拥有高效的第三产业及巨大的国内消费市场的经济制度转换过程中,德国应用科学大学模式应当会让人感兴趣的。

如何组织建立这种模式的高校,例如是否应当像德国一样,把它作为一个与综合性大学并行的、独立的高校类型来建设,应当是个次要的问题,重要的是其特征内涵。从组织建立的角度看,也可以考虑建设一种综合性大学模式(Gesamthochschulmodell),即在现有高校的内部进行区分,把它分为应用与实践导向型的一种考察模式时,最关键的应是聚焦其具有示范性的特征所在。这种办学模式及典型特征与其在组织建制方面是否属于次级的问题无关(在德国常会有这种问题),人们也许更愿意将其作为一种与综合性大学并行的独立的高校类型联系在一起。

基于多年的中德紧密合作,总书记习近平在2014年3月访问德国期间,宣布与德国建立全方位的战略合作伙伴关系及年度政府磋商机制。在科教领域,多年以来两国进行合作所取得的成就如繁星闪烁。这种背景也是对中德两国从政策层面支持在应用科学大学领域继续开展深入合作最好的诠释。因此我们更应充分发挥双方优势,趁热打铁、默契配合、共创未来。

德国双元制专业人才培养模式解读①

德国的双元制模式历史悠久,在国际上享有盛誉,被视为德国经济崛起和腾飞的"秘密武器"。随着社会经济发展,全球化和信息化时代的到来,曾经为德国企业输送出大量技术人员的双元制职业培训模式已经不能完全满足现代企业对高水平、高层次、高素质工程技术人才和专业管理人才的需求。随着大众教育的普及,更多渴望靠就业解决生存问题的普通民众对知识和学术也有了更高的向往,所以20世纪70年代在德国高等学校中诞生了一种新的双元制形式——双元制专业,并作为一种成功的模式在德国高校中广泛复制。我国从20世纪80年代末开始学习并借鉴德国"双元制"职教模式,取得了较为明显的成效,特别是在构建"校企合作、工学结合"人才培养模式方面基本形成了共识,对职业教育的规律性认识不断深化,从而促进了我国职教的改革和发展。而双元制专业在我国高校中却鲜有尝试,其中重要的原因之一是人们对双元制的认知不足。本书将对双元制模式和双元制专业进行解读和对比,澄清和消除人们对双元制专业的些许误解和疑虑,有效促进双元制专业在中国的认可、接受和应用。

一、传统的双元制模式

传统意义上的双元制模式指的是培训生或者学徒以合同形式在职业学校和企业之间进行交替式学习和实践活动的一种职业培训模式。在德国这种模式最早出

① 本文作者为贾丹,原载于《滁州职业技术学院学报》2018年第17卷第4期。

现在手工业时代，部分城市的手工业者联合会为规范行业内手工业者的技术培训，保证培训质量而统一制定了不同行业的培训标准，并实施职业培训和结业考试。学徒在职业学校和企业中进行理论学习和实践学习，并同时在工作过程中积累职业经验，丰富专业知识，提高职业技术能力。

随着工业时代的来临，传统手工业受到机器生产的巨大冲击，双元制模式也面临着巨大挑战。但是作为在双元制领域有着领先地位的德国，通过国家参与形式使工业企业融入到双元制职业培训中，并根据市场和企业需求与职业学校共同开设适合经济发展和新型行业需求的双元制职业培训项目，使得双元制的培训职业范围从最初的手工行业迅速拓展到几乎覆盖德国所有行业（工业、技术以及后来的服务领域），发展成为多元职业培训。德国双元制模式沿用早期手工业时代的工匠精神，严格行业标准，规范行业制度，保障行业水平，不仅使德国的双元制模式成为全球职业教育领域的成功典范，而且为德国的工业生产、经济发展提供了有力的技术人才支撑，也使德国凭借较高的生产率和产品质量成为全球出口大国。

二、双元制专业

双元制专业（也称双元制高等教育）是一种在高等学校和企业分别进行理论学习和实践学习的高等教育模式，属于德国教育体制中的第三教育阶段。除了满足双元制的形式要求外更需要突出内涵的学术性，教学活动在高等学校进行，否则就只能算是双元制职业培训，属于德国教育体制中的第二教育阶段，不能称之为双元制专业。

随着科学和技术的进步以及其在工业领域的应用和发展，面对信息化时代的到来，传统的双元制职业培训已经无法满足经济企业对高层次人才的需求，双元制模式适应时代需求诞生出新的产物成为一种必要；同时由于高等教育的普及，许多家庭的年轻人已经成为第二代知识分子，在家庭和社会环境的影响下，他们除了就业需求，更期待高质量的就业机会和更广阔的职业前景，希望以更高的起点和平台踏入职业领域，因此双元制的衍生品在高等学校出现也成为一种必然。

目前德国的双元制专业基本开设在应用科学大学的本科阶段，主要依赖于应用型大学的实践教学资源以及与企业的密切联系和合作。与应用型大学普通专业的实践部分相比，双元制专业通常是理论学习和实践活动在时间、形式、内容和组织结构上统一的整体，实践是整个人才培养方案中的固定部分，与该专业所签订协议的某一个企业共同完成，是一种针对性强的订单式培养模式，但毕业时学生和企业依然享有双向选择的自由。双元制虽然发展历史较短，但因其培养高学历高水平的应用型人才，增加了毕业生的就业机会，提高了就业层次而受到了很多年轻人的青睐。

三、双元制专业与双元制模式的比较分析

（一）双元制专业学生理论知识远远高于双元制职业培训生

首先在生源上德国双元制专业要求申请者必须具有 Abitur（高级中学毕业考试），此类学生在德国的第二教育阶段基本上属于文理中学和实科中学毕业生，即在校期间课程设置以文化科学和自然科学为主，为高等教育阶段奠定良好的知识基础。

双元制专业是以知识为基础、学术为核心、实践为导向、应用为目标的教育形式。因此，双元制专业中要夯实学生的知识基础，要拓展知识的宽度和广度，不能以知识够用为主。

相对于双元制职业培训，学生除了培养实践能力、应用能力外，更应该培养学习获取知识的能力，此类学生就业的目的是处理和解决企业实践中出现的复杂和综合性问题，在技术和经营管理方面进行研究和创新，甚至影响和引导整个行业的发展和走向。

（二）双元制专业管理模式和标准制定有别于双元制职业培训

双元制职业培训计划通常是由职业联合会和行业协会参与制定，并组织结业考试，颁发相关职业的结业证书，培训生学习的是一个职业，此种培训更属于行业范畴而不仅仅属于教育范畴。无论学生在哪所职业学校学习，他们所学的职业标准化程度都非常高。而双元制专业则呈现出更多的个性化，由所参与的学校、企业不同而表现为内容和形式各异的培养模式，专业的主体是学校，专业的导向是企业，因此这种针对企业定制的教育模式也会出现一定的局限性，尤其是毕业生日后换工作时缺乏对整个行业的普遍适应性。因此，首先要加强专业基础模块的设置，与企业相关的专业方向模块只作为高年级的必选课程；其次要遴选合作企业的资质尤其是行业地位，这样才能提高该专业在行业内的认可度，毕业生在与企业的双向选择中获得更高的保障。这两点既是毕业生提高就业率和就业水平的一个手段，也是降低未来失业率和增强个人职业发展的重要措施。

四、在中国人们对双元制专业的误读

（一）对双元制的认知主观假设大于客观理解

人们在主观层面上或多或少对在高校开设的双元制专业存在疑虑。由于传统双元制模式起源较早，影响力大，在国际职业教育和行业领域也大范围推广，中国、美国、俄罗斯、西班牙等多国都有所效仿。所以大家对双元制的印象更多停留在职业培训领域。由于双元制专业中依然保留了原有传统双元制模式中的实践教学比例，所以导致人们对双元制专业的学术性依然持保留态度。甚至鉴于德国双元制专业很多开设在 Fachhochschule（应用科学大学）和 Berufsakademie（职业教育学院），而非综合性大学，这两类院校很长一段时间在中国的学术教育定位中处于模

糊和尴尬地位，这种备受德国企业和学生肯定的双元制专业在中国高等教育领域最多只存在潜在需求。然而客观层面上双元制专业却不是某种低层次的高等教育模式，高等双元制课程注重培养学生理论与实践能力，尤其是自主学习与科研创新的能力。其在实践和学术层面的要求无疑意味着更重的学习负担，这要求学生具备更强的学习动力和学习能力以及时间管理能力和自我责任感，而这些正是未来企业对高层次技术人才和管理人才的素能要求。双元制专业是高等学校依托自身应用型办学地位，与企业教学科研合作基础上建立的旨在培养具有创新精神、适应社会经济变化的高级应用型人才的办学模式，是一种被企业、社会机构、学生和家长共同认可的理论和实践并重的教育理念。中国教育部贯彻落实的重大教育改革项目“卓越工程师教育培养计划”也是旨在培养造就一大批创新能力强、适应经济社会发展需要的高质量各类型工程技术人才，两者培养目标也高度重合，近乎一致，所以在中国应该赋予双元制专业应有的地位，将这种潜在需求变成真正的市场需求。

（二）对不确定性的消极风险意识

双元制模式虽然在中国的职业技术培训领域生根发芽，但是双元制专业在中国高校还只是孕育和萌芽阶段，双元制专业的运作模式和市场前景都存在很多不确定性。德国的社会福利保障制度和完善的教育法律和行业规定是民众在教育未知领域尝试中持乐观态度的根源。而双元制专业的优势即使显而易见，但在没有实践经验的积累和实际案例的佐证情况下，学生和家长还是更倾向于保守的专业选择。另外由于中德文化的差异，德国人把未知更多的看成一种机遇，而中国人则把这种不确定性视为风险。例如，德国某教授对自己专业进行优势分析时用到的是“Staerke”（优势、强项），而劣势用的则是“Potenzial”（潜力、潜能）一词，可见中德两国民众对未知风险所持的态度完全不同，这也是中国高等学校一段时间内对双元制专业持观望态度的原因之一。如同人们对德国应用科学大学的解读经历了漫长的过程一样，对双元制专业的理解也需要一个认知、消化、沉淀和接受的过程。

德国建立起第一个双元制专业后的短短几十年间内，双元制专业的数量在德国高校迅速增加，创造了企业、学校、学生和家长的社会共赢局面，在教育不断创新、经济迅速发展的中国也存在着很大的潜力，双元制高等教育的探索者和践行者应该对双元制专业进行更加深入和专业的解读，进一步提升社会各界对双元制专业的理解和认识，摒除人们观念上的保守和误解，加速双元制专业在中国教育领域的建设和发展。

新工科视角下经济工程专业建设思考①

经济工程专业开始于德国，横跨经济学与工学，是工学知识和经济学知识互相交融的开放性专业，旨在培养既懂经济学又懂工程学的复合型人才。我国同济大学与合肥学院分别在2008年、2012年开设了中德对外合作办学的经济工程专业，经济工程专业的理念、方法契合我国当前在高等教育领域积极推进的新工科建设。

新工科是基于工程学科与其他学科的交叉融合，或者由不同工程学科的交叉而产生的新的工科专业。如果说新工科是高等教育的试验田，那经济工程专业便是这块“田”里焕发蓬勃生机的幼苗，以新工科建设为背景研究经济工程专业本土化与建设路径，可以积极推进经济工程专业建设，同时也为新工科教育的理论和实践探索提供一个全新的视角。

一、经济工程专业与新工科建设的内在关联性

(一) 产生背景相同

回应经济社会发展需求“教育转型始终是社会转型的结果与症候”，有生命力的高等教育应该是一个复杂的、多层结构的开放系统，绝不能脱离社会经济发展现状。历史证明历次产业革命都会带来高等教育的变革，新工科建设与经济工程专业的产生都是基于时代发展要求，尤其是技术发展对社会经济带来的深刻变化。经济工程专业产生于1927年的德国，但直到1990年才开始兴起，并像雨后春笋一样在德国各大高校开设。究其原因是当时德国进行了以发展新经济产业为核心的产业结构调整，对经济工程复合型专业人才需求急剧增加。经济工程专业已成为当前德国最受欢迎的专业之一。我国新工科建设可以追溯到“卓越工程师”计划，在我国实施创新驱动发展和“中国制造2025”等一系列重大发展战略背景下以及对全球经济未来发展态势的研判下，相关主管部门认为我国工程教育供给与需求不相匹配，高等教育需要培养基础扎实、工程业务能力强、综合素养高的工程科技复合型人才。

在此背景下，2016年国家提出新工科概念，教育部于2017年年初正式推出“新工科”计划，2017年2月达成“复旦共识”，4月发布“天大行动”，6月形成“北京指南”，可以说新工科已经迅速从理念落实到行动层面，并出现了生机勃勃局面。2017年6月，教育部正式发布了《新工科研究与实践项目指南》，《新工科研究与实践项目指南》指出新工科是服务国家战略、满足产业需求、面向未来发展的工程学

① 本文作者为江玉荣、陈江华，原载于《应用型高等教育研究》2018年第3卷第2期。

科与专业,以培养造就一批具有创新创业能力、动态适应能力、高素质的各类交叉复合型卓越工程科技人才为目标。

新工科建设和经济工程专业都是高等教育基于社会经济发展需求而作出的积极回应,他们不仅仅是创设一个或几个新专业,还是一个开放包容系统,能随着经济社会发展进行动态调整。

(二) 教育理念契合:基于多学科交叉融合学科是高校进行人才培养、学术研究的基本功能载体和工作单元

学科分类具有人类认识上的局限性和主观性以及人类社会发展的历史烙印,当今经济社会急剧发展及其产业变革必然突破原有的学科界限和产业划分。新工科与经济工程专业突出表现为跨越现有学科界限和产业边界,突破学科壁垒、消除专业藩篱,实现多学科的交叉融合。

这种交叉融合不是简单的学科或个别理论互动,而是基于社会、经济、技术等现状与未来发展需求基础上的。深刻理解并分析这些学科之间的内在联系,使得相关学科在理论方法、结构内涵等方面形成互动并有机结合,形成能适应当前并前瞻未来的新的综合学科。同样,经济工程专业横跨经济学与工学,但它并不是经济学与工学的简单的叠加与拼凑,是互相交融、有多个方向并具有开放性、包容性的专业。从课程设计来说,经济工程专业的课程涵盖经济类和工类两个部分,但每个高校开设的专业方向及课程差别较大、各具特色。根据德国开课情况来看,经济类课程(或模块)较为固定,涵盖宏观经济学、微观经济学、企业管理、物流管理、金融、法律等;工类课程(模块)差距较大,一般有一个主方向如机械制造、电子信息,相关课程设置都是围绕特定方向进行构建。如德国亚琛工业大学经济工程专业工科就有电子能源技术、建筑、机械制造、材料与工艺技术 4 个方向;德国哥廷根应用科学大学主要是能源环境工程和机械制造方向。

(三) 人才培养模式相通:"以学生为中心"的柔性化培养方案

当前高等教育突出矛盾表现为人们对高质量的教育需求与优质教育资源供给不足之间的冲突。"以学生为中心"的个性化的因材施教是高质量教育的核心内容之一。2017 年 4 月 8 日,教育部在天津大学召开新工科建设研讨会,提出"落实以学生为中心的理念,加大学生选择空间,方便学生跨专业跨校学习,增强师生互动,改革教学方法和考核方式,形成'以学习者为中心'的工程教育模式"。

新工科改革本身就是以学生能力、兴趣以及将来职业为导向,它的提出与推进就是为了打破原有的"以教学者为中心"僵化教学模式。经济工程专业本专业是以"工学＋"或"经济学＋"模式而设置的专业。学生对于专业选择有较大的自主权,沿循由"兴趣→专业→职业"的个性化职业生涯成长路径,高度契合学生成长成才多样化的内在要求。区别于一般经济类专业或工学,经济工程专业学生在低年级阶段学习经济知识,目标在于培养经济学科思维和评判分析能力;而在高年级阶段则要结合个人兴趣、特长自主选择接受工学方向的理论知识和能力训练。德国经

济工程专业课程体系都实行了模块化改革，突破以往以学科为逻辑起点的课程设计，通过对培养目标进行深入分析，确定不同模块具体能力要素与相关模块之间的逻辑关系，最后形成结构严密、层次递进、过渡流畅并相互支撑的契合学生发展方向与兴趣的课程体系。

（四）人才培养目标趋同：应用型复合人才

无论是经济工程专业还是新工科，最终落脚点是在复合型应用人才的培养目标上。新工科的"天大行动"指出，新工科要根据产业需求建专业、依据技术发展改内容。新工科建设学科之间的交叉融合并不是凭空想象或仅仅进行理论分析，必须经过充分的市场和产业调研、分析和预测，在培养过程中还要根据市场需求动态调整，它用类似"卓越计划"提出的由国家标准、行业标准和学校标准三级标准构成的质量标准体系。对地方院校开设的新工科要求更加明确，要求主动对接地方经济社会发展需要和企业技术创新要求，培养具有较强行业背景知识、工程实践能力、胜任行业发展需求的应用型和技术技能型人才。德国开设经济工程专业的大多为应用型科学大学。同济大学中德工程学院在建院（2004 年）4 年之后打算再办一个合作专业，在研究德国高校及调研在中国的德资企业之后，同济大学得出经济工程专业最受欢迎，由此开启了首家中德合作经济工程专业。合肥学院中德合作经济工程专业筹备时也做了大量调查、研讨，一开始就将其培养目标、培养手段和方式都定位为应用型人才培养，并根据学生未来发展方向和就业方向不断调整。在教学过程中，经济工程专业注重通过产教融合、产学结合、校企合作的育人机制，力求实现人才培养规格与地方经济发展、行业岗位需求的无缝"续接"。

二、我国经济工程专业办学实践与存在的主要问题

（一）经济工程专业在我国的发展现状

我国经济工程专业"移植"于德国，与德国合作办学较早的同济大学和合肥学院两所大学意识到经济工程专业培养人才优势及受社会欢迎度，在调研分析基础上开设了中德合作经济工程专业。同济大学于 2008 年首次开设经济工程专业，采取双校园（3＋1）模式，采用中德双语教学模式，在同济大学学习 3 年，要求通过"德福"考试，第 4 年在德国学习剩下课程，进行毕业实习并完成毕业论文，合格之后授予本科双学位。

2012 年，合肥学院与萨克森州希尔德斯海姆/霍尔斯明登/哥廷根应用科学大学（简称哥廷根应用科学大学，HAWK）合作开设中德合作经济工程专业，有不动产经济、环境工程、建筑工程 3 个专业方向，中德双方根据不同专业方向制定人才培养方案，2015 年获得德意志学术交流中心（DAAD）资助。学生首先在合肥学院完成本科阶段前 3 年的学业，德语要求同样是通过"德福"考试，第 4 年赴德国完成专业方向课程、毕业实习和毕业论文。双方在共同商定人才培养方案的基础上，充分利用中德两国大学的优质教育资源，中德双方教师共同完成专业课教学，其中由

德方派驻教师教授完成专业课程比例约为60%。学生按规定完成学业之后，由合肥学院与哥廷根应用科学大学颁发毕业证书；符合双方学士学位授予条件，由合肥学院与哥廷根应用科学大学分别授予学士学位。合肥学院经济工程专业特色在于它结合自己教学改革进行了创新，全程实行模块化教学方式，通过公共基础课整合、专业基础课优化、自主学习强化、打破课程界限等方式，对教学内容进行优化、整合、重组；同时大量采用“项目研讨式”教学方式，以提高学生独立思考、团队学习、语言表达能力。2017年，德国中央评估与认证机构组织专家通过非现场的材料评估和现场调查、走访、视频会议等多种方式对合肥学院经济工程专业进行评估，该机构于2018年向合肥学院颁发了中德合作经济工程专业的认证证书。在本土化方面，目前合肥学院经济工程专业已经获教育部批准，2018年作为一个新专业招生。

中德经济工程合作办学共同特点是：一是两所学校（同济大学、合肥学院）已经开展中德合作办学多年，积累了丰富经验，构建了良好沟通机制，取得了一定成效；二是中德经济工程专业办学都是依据自己本身具有的优质资源、综合合作方的优势选择专业方向；三是从教材的选择、培养方案的制定、师资的安排等方面深度借鉴、学习德国模式。

（二）我国经济工程专业办学存在的主要问题

1. 规模小、招生人数少

经济工程专业产生于1927年的德国，但直到20个世纪90年代之后才兴起，截至2017年5月5日，德国共有88所应用技术大学、30所综合大学和工业大学、15所职业培训机构设立该专业，也是众多雇主心中最受欢迎的专业。

目前国内只有同济大学、合肥学院两所高校开展了经济工程专业项目，都是与德国合作。同济大学有机械、电子、物流3个专业方向；合肥学院有建筑节能、环境工程、不动产3个专业方向。同济大学在当年学校普通招生代码中招收的新生中选拔，合肥学院采取独立的招生代码招生，学生招生时直接录入经济工程专业。但共同特征是招生规模较小，合肥学院每年招生规模为20～30人，而且还受制于合作办学较为高昂的学费，既满足不了考生需求，也满足不了社会经济发展需要。

2. 学科人才队伍缺乏

多学科交叉融合的教师队伍是办好经济工程专业的核心条件之一，但目前我国师资力量明显滞后于教学需求。同济大学经济工程专业前3年的专业课基本由国内教师承担，德语课部分由德国教师承担，最后一年由德国承担。合肥学院经济工程专业核心课程占全部专业课程的60%，且德方教师担负的专业核心课程的门数和教学时数均占全部课程和全部教学时数的50%以上，部分德语课和最后一年课程由德国承担。本土化的专职经济工程专业教师非常缺乏，同济大学经济工程专业专职教师只有6名，其中教授1人，副研究员1人，讲师4人；合肥学院因为大部分课程都是德方授课，专职教师更少。师资力量是培养人才的关键，也是经济工程专业本土化核心制约因素。

3. 课程体系还在探索中

经济工程专业横跨经济学与工学，在海量知识体系中遴选出适合培养目标的知识点，并且设计出相互衔接、有内在逻辑联系并契合我国经济社会发展需求的课程体系是一件非常难的事情。在德国，经济工程专业学业一般都很繁重，课程容量大、跨度大、数量多，课程的选择与优化就更加重要了。国内中德合作的经济工程专业更是如此，除了专业课的学习，还要加上高强度的德语学习，在毕业前要求通过“德福”考试，所以很多学生都形容“苦不堪言”。同济大学经济工程专业学习包括了经济学，在完成工程学学业后，再学习物流学和附加课程。合肥学院实行模块化教学，除了德语始终贯穿大学四年的学习，每个学年都要完成八个不同模块，每个学期都要完成一个模块，如第一学期第一个模块包括自然技术基础(1)、中方特别课程、工程基础。其中，自然技术基础(1)由建筑构造、工程材料/技术、能源技术课程组成；工程基础由数学、电子数据处理、EDV技术力学课程组成。中德合作经济工程专业受制于“合作”，是对德国课程的模仿或按照德国要求设置，并且德语学习在其中占据着重要位置。这样的课程设置肯定存在水土不服的情况，学生学习起来更是任务重、压力大。

4. 学科领域的学术研究缺失

由于经济工程专业在国内是新事物，目前只有同济大学与合肥学院开展相关合作办学项目，关注的人并不多。用“经济工程专业”为题目在中国期刊网进行论文搜索，截止2018年3月9日，只检索到3篇。研究新工科的相关文献中，找不到经济工程专业的影子，学者们还没有注意到两者之间的内在联系。在中德经济工程专业中，更多是对德国相关专业的模仿，并没有结合我国高等教育实际提出具有特色方案，如对中德资源的利用、中德师资不同定位、教材的选用等方面缺少深入研究。作为新工科鲜活例证的经济工程专业在德国早已根深叶茂，在我国也合作办学多年，在大力推进新工科建设氛围下，应该加强本土化及两者互动、研究性研究。

三、新工科视角下经济工程专业建设的创新路径

(一) 以理念创新推进经济工程专业本土化进程

经济工程专业本土化是现在中德合作经济学专业在我国现有经济学科或工程门类下设置为一个独立的新专业进行招生。首先，我国经济社会发展急需大量既懂经济也懂工程的人才，将新工科建设理念结合德国办学经验内化改造国内传统专业，会从源头上增加经济工程复合型人才供给。其次，经济工程专业本土化可以与新工科形成良好互动关系，一方面在新工科大背景下，经济工程专业可以更快、更好地本土化；另一方面经济工程专业建设可以丰富新工科的发展内涵，能为其推动和实现专业的复合化、专业的转型改造以及应用型人才培养模式提供新思路。

另外,同济大学与合肥学院多年中德合作办学为经济工程专业本土化提供了有益的借鉴,尤其是教育教学改革如合肥学院的模块化改革为经济工程专业本土化创造了必要条件。

2011年,国务院学位委员会、教育部颁布实施的《学位授予和人才培养学科目录》没有对交叉学科设置做相关规定,在教育部全国第四轮学科评估中也不含交叉学科。这是制约包括经济工程专业在内的新工科建设重要的体制障碍,主管部门要在学科专业目录的设定和学位授予方面,给予新工科预留充分的发展空间。新工科专业可以分为新型学科专业、新生学科专业和新兴学科专业三种类型。

新型学科专业是对传统的、现有的学科专业进行转型、改造和升级而形成的新的学科专业;新生学科由不同工程学科的交叉复合或由工程学科与其他学科的交叉融合而产生的新的学科专业;新兴学科专业是指全新出现、前所未有的新的学科专业。经济工程专业可以归结为新工科中新生学科。在大力推进新工科建设大背景之下,扩大高校包括学科专业设置和调整招生、学位授予等方面的办学自主,需要各级政府进一步简政放权,打破各种束缚工程教育改革与发展的体制和机制障碍,为经济工程专业更大范围申报提供了政策支持。

(二) 以管理创新激发经济工程专业活力

高校的管理单元大多按照学科来设置,推动交叉学科建设,深化交叉科学研究,要从根本上突破以传统学科界限为基础的科学研究和学科范式。在推进新工科建设时应该加强顶层设计,系统谋划,整体突破,从政策层面逐步建立有利于创新、交叉、开放和共享的体制。具体到经济工程专业,国内合作办学的两所学校都成立了专门机构来管理协调相关事务,它们分别是同济大学中德工程学院(CDHAW)、合肥德国应用科学学院(DHH)。但这两个机构都是学校的二级单位,经济工程专业的教学、项目开展往往涉及多个部门,容易产生推诿与责任不清问题。经济工程专业本土化第一步就是创新管理模式,打破原有院、系建制的组织惰性,克服现行教学科研体制矛盾,搭建功能定位明确的交叉学科建设平台,统筹管理协调经济工程专业教学、科研与行政事务。

(三) 以理论创新促进经济工程专业建设和学科研究

教育理论最终目的是解决教育实践问题,经济工程专业与新工科建设都是高等教育领域中的新事物,没有现成的理论框架与分析范式,理论研究深度将影响改革进程。首先,对经济工程专业研究应当是一个多学科视角,知识发展沿着混沌—分化—融合螺旋式上升,当今知识高度分化又高度融合,原有的学科不断交叉、融合衍生出新的学科,从而决定包括经济工程专业在内的高等教育理论研究应该走出经典学科范式迈向多学科视角,从简单的研究对象、特有研究方法到复杂研究对象、开放研究方法。其次,要以“问题导向”开展研究。从宏观上研究时代发展对经济工程专业需求,特别是聚焦所面向的区域,研究当前产业发展与前景,从中观研究经济工程专业与新工科、“双一流”建设之间的关系;从微观上研究经济工程专业合理选择交叉学科建设路径，充分论证、科学规划、积极推进。

（四）以培养方案创新提升经济工程类专业建设内涵

专业建设内涵包括培养目标、课程体系、内容与方法建设等。多学科交叉融合是经济工程专业最主要的特征之一，其核心目标在于将经济学相关知识与工程技术有机结合，培养既懂经济又懂工程的复合型应用人才。从德国培养方案来看，经济工程类专业开设的经济类课程相对稳定，如经济学、物流、金融、审计、法律等，而各高校工程类专业根据自己的优势学科或专长，从机械制造到建筑设计再到电子信息等，涵盖就非常广泛、跨度较大。本土化之后的经济工程专业培养方案的制定需要重点从以下几方面着手：第一，在产业调研与本校优势学科分析基础上，提出经济工程专业具有多学科特征的人才培养目标；第二，制定经济工程专业保障培养目标实现的专业培养标准；第三，根据培养标准的要求设置相关课程，厘清课程之间逻辑关系，明确课程内容，建立课程体系等；第四，采取与多学科交融教学内容和应用方向相适应的教学管理方式；第五，制订出详细具体的教学计划，并注意计划之间的相互衔接或逻辑顺序；第六，改进原有的评价方式，能够有效确保经济工程专业培养目标实现的动态质量评价方式和手段。

（五）以队伍创新支撑经济工程专业人才培养质量

师资队伍是经济工程专业本土化建设的核心制约因素。首先，经济工程专业教师知识面要广博，对其所有相关课程和学科专业上都要涉猎，不仅如此，还要关注与本学科专业领域相关的新技术、新产业和新发展。其次，要有“双能型教师”与产业界和企业保持密切的合作关系。再者，要具备运用多学科知识、原理和方法解决复杂问题的能力。另外，要具备高水平的教学能力，不仅深刻经济工程专业教育理念，具备理论教学能力、实践教学能力和学术科研能力，还能运用多种教学方法线上线下进行教学辅导。最后，具有敬业精神和职业道德，能严格要求自己成为学生道德品质修养的榜样、精神文明的典范和举手投足的楷模。

创新经济工程专业师资队伍建设具体可以采取以下几个措施：一是把好入口关，经济工程专业教师队伍可以采取引进和兼职相结合的方式进行，以专职老师为主、兼职教师为辅。在引进专职教师时要注重教师学科背景的交叉性、知识结构的互补性，并对每位专职老师有明确的定位、清晰的职业规划和详细的培训计划；聘请兼职教师时要注意知识体系的复合型、能力的实践性；总体设计专业师资队伍时要确保年龄职称结构的合理性、学缘结构的多元性等。二是制定有效的评价和激励机制。依据经济工程专业和高校自身特点，制定教师评价标准和教师激励政策，对老师的评价与激励目标在于调动其投入经济工程专业的积极性与主动性，评价与激励标准与经济工程专业培养目标应当是一致的，应该立足与教师的长远发展，不仅仅是工作量的完成。

四、结论

新工科的“天大行动”提出到 2020 年直接面向新经济新兴工科专业比例达到

50%以上。但毫无疑问，新工科建设与经济工程专业本土化都是系统工程，任何改革都不可能一蹴而就的，无论是社会经济发展、新的产业革命和技术革命还是高等教育自身发展，新工科建设将长期处于边研究边实践的长期探索过程，“自上而下”的推动与“自下而上”的“倒逼”相结合是新工科建设的必由之路。经济工程专业在德国已经开花结果，在我国也合作办学多年，2008 年，合肥学院获教育部批准开设本土经济工程专业，它是国家首次设置的目录外新专业。这是经济工程专业本土化重要开端，也必将成为我国新工科建设中的亮点。

中德合作经济工程专业本土化及其表现①

国际竞争以及技术发展和创新的持续活跃，成为企业所面临的巨大挑战。未来的企业领导人和专业人才要想把握机会，就必须结合复杂的背景关系考虑问题，从全局角度了解并理解企业各项业务流程。无论是企业还是政府综合经济管理部门都需要大量既懂经济学又懂工程学的复合型人才，经济工程作为一个跨经济和工程学科的专业能够满足这种需求。

一、德国经济工程专业勃兴

（一）经济工程专业发展

自 19 世纪后期以来，西方国家一些大学开始进行经济工程学的研究。1927 年，柏林高等学院（Technische Hochschule Berlin）率先在德国开设了经济工程专业。该专业由 Willi Prion 建立，当时的名称是“经济与技术”，学生除了在校学习外还需要到企业进行相关培训。到 20 世纪 80 年代，德国设立此类专业的高校寥寥无几。20 世纪 90 年代起，由于产业发展和工业自动化率提升，企业和政府部门需要大量经济工程专业人才，以在经济和技术的相互作用下做出有效的决策。在这种背景下，德国应用科技大学、综合大学和工业大学等各种类型的高校广泛开设经济工程专业，学生人数也在不断增加。根据德国经济工程协会的统计，截至 2017 年 5 月 5 日，德国共有 88 所应用技术大学、30 所综合大学和工业大学、15 所职业培训机构设立该专业。在德国因为应用技术大学实践性和与企业的紧密结合的设置更符合学生未来就业和实习的需求，并且学习时间也相对较短，所以更多的学生选择在应用科技大学（FH）中修读经济工程专业。根据德国联邦统计局的数据，截至 2014 年 4 月 23 日，德国高校专业按在校学生人数排序如表 6.5 所示。

① 本文作者为陈江华、刘鑫、贾佳，原载于《应用型高等教育研究》2017 年第 2 卷第 2 期。

表 6.5 德国高校专业学生数排序

序号	专　业	学生人数
1	企业经济学(BWL)	209724
2	机械制造(Maschinenbau)	112383
3	法学(Jura)	102908
…	…	…
13	经济工程—侧重工程(W. Ing mittechn. Schwerpunkt)	49288
…	…	…
18	经济工程—侧重经济(W. Ing mitwirtschaftl. Schwerpunkt)	49119

数据来源于德国联邦统计局网站。

从表 6.5 中的数据可以看出,经济工程(侧重工程)人数为 49288 人,经济工程(侧重经济)人数为 42119 人,合计人数为 91407 人,位居德国高校专业学生人数前列。

经济工程专业毕业生具有在经济和技术交叉领域中完成跨学科相关性任务的能力。经济工程师能够基于他们所受到的培训清晰地判断出与经济、技术和法律相关的各种问题情况,并有能力解决这些问题。经济工程师的就业前景相当不错。有些产业对企业内配备的经济工程师人数有要求,作为企业资质的一个硬性规定,德国的经济工程师截至目前还未列入官方的统计。从市场人才需求来看,对经济工程师需求量最大的是机器制造业,其次是电子工业、汽车制造业、建筑业和咨询业,经济工程师在这些行业中的主要工作是市场营销、物流管理、物资管理、生产、财务管理和质量监督。此外,在金融、保险和信贷机构从业的经济工程师人数呈上升趋势,经济工程师主要集中在这些机构的交易部及信息部。在其他行业,经济工程师也可以从事营销、采购、产品设计、生产管理、物流管理、财务、质量管理、成本控制、咨询等方面的工作。因需要的行业较多,而毕业生的数量相对较小,因此就业情况在今后几年仍然看好。从学生就业和未来职业发展来看,经济工程专业实质上是培养懂得工程技术的商业人才。经济工程专业作为技术部门和其他商务部门沟通的纽带,由于其创新性和未来产业的发展需求,现在已经成为了德国热门专业。

(二) 德国经济工程专业特点

经济工程学包括理论、方法、工具和主体间可核实性的知识以及各种经济学科、工程学科和法律学科之间的关系。它作为企业经济与工程学之间的连接口,多年来已经发展成为一个独特的科学领域。经济工程专业(德语为 Wirtschaftsingenieurwesen,简称 WIW 或 WING)目前没有确切定义,一般认为是跨工程学与经济学的交叉专业,经济学和工程学在经济工程专业置于同等重要位置。经济工程专业在中国没有对应专业,与国内的工程经济、工程管理、信息管理等专业设置的目的和具体内容不同的。归纳起来，经济工程专业有以下 5 个特点：

1. 组合性

在德国，经济工程专业知识体系由经济学知识与工科知识按照同等地位组合而成。经济工程专业的课程（模块）一般包括经济类和工程类两个部分，各个高校开设的专业方向及课程（模块）不尽相同，各具特色。经济类课程（模块）主要包括宏观经济学、微观经济学、经济法、企业管理、物流管理、金融、会计等；工程类课程（模块）一般则围绕一个明确的方向进行构建，如机械制造、电子科技、建筑等。经济工程专业是按照专业岗位需要来组合经济学专业和某一工科专业的内容而成。不同的大学所设立的经济工程专业方向不同，比如，德国哥廷根应用科学大学的经济工程专业由经济专业与能源环境工程专业知识组成；德国亚琛工业大学经济专业分别与建筑、电子能源技术、机械制造、材料与工艺技术 4 个方向组成经济工程专业。

2. 应用性

经济工程专业在德国综合性大学、工业大学、应用科学大学等广泛设立，但主要还在应用科学大学内设立，大概占到开设经济工程专业本科院校的 75% 以上。因为经济工程专业的培养目标、培养手段和方式、学生未来发展方向和就业方向，与应用科学大学相契合，共同强调应用型人才培养。

3. 地方性

德国高校的经济工程专业的方向紧密地与当地的主导产业和支柱产业相结合。比如，坐落在汽车工业发达城市的应用科学大学的经济工程专业侧重于机械与经济，坐落在电子产业集中城市的应用科学大学经济工程专业侧重于电子与经济。与合肥学院合作的德国高校经济工程专业方向，集中在经济与能源环境工程；与同济大学合作的高校柏林应用科学大学专业方向，集中在经济与物流工程。“越来越多的应用科学大学则密切结合地区经济，与行业协会或企业合作推出一些相当专门化的专业课程”。应用科学大学培养的经济工程专业学生主要服务于地方经济，在当地企业工作。

4. 灵活性

经济工程专业的知识结构，人才培养计划与市场需求相结合，并且不断调整。比如，以前很多高校开设机械、电子领域的专业与经济专业结合形成经济工程专业，而现在随着节能环保、智能制造产业的发展，相应的一些高校将传统的专业进行改造，或者直接设立新专业方向。近几年，反映科技和市场发展趋势的节能环保、高端制造、新材料等新工科专业与经济学专业形成的经济工程专业成为热点专业。

5. 协同性

经济工程专业与传统的专业不同，需要经济专业和工科专业的自然科学和社会科学的基础知识、人文素养知识、经济学基础知识、工科基础知识、经济学专业知识、工科方向专业知识、专业方向知识综合项目知识等。德国高校经济工程专业需要校内院系合作、校际合作、校企合作、国际合作等，充分反映其协同性。比如，德国柏林经济与法律应用科学大学经济工程专业（可持续发展方向）就是与柏林工程应用科学大学两校协同合作设立的，由柏林经济与法律大学负责经济、管理和法学等课程（模块），柏林工程技术大学负责数学、工科基础、能源等课程（模块）。

二、中德经济工程专业项目合作实践

虽然在中国没有相应的专业，但同济大学和合肥学院两所大学较早意识到经济工程专业适应时代及经济发展的客观需要，相继引入德国经济工程专业优质课程，积极开展中德经济工程专业合作项目。

（一）同济大学合作模式

经济工程本科专业是同济大学中德工程学院提供的4个本科专业之一。该专业采用双语教学，学生在入学后会接受高强度的德语课程教学以满足专业课的德语水平要求，在同济大学学习三年，并且通过德福考试后，最后一年在德国学习、实习和完成毕业论文。前三年专业教学计划安排：第一年基本上用于德语学习，该学年还包括基础实践第一部分和必要的中国专业课如数学、自然科学基础；第二学年继续学习基础学科，在第二个短学期完成德语知识的深化；第三学年学习专业课程，同时，这个阶段安排德语教授进行德语授课。德语课程的比重（包括最后在德国的1学年）约占30%。教学大纲里的项目实训和调研工作安排在第三个短学期。通过德福考试的学生，最后一年将在德国完成学业，考核合格获得合作院校的双学位。未通过德福考试的学生，将在同济大学参与相应的专业课学习并在最后一个学年完成学业。同济大学经济工程专业学习包括了自然科学、信息学以及经济学；又可以在完成工程学学业后，再学习物流学和附加课程。这种学习模式的优点，不仅能涉猎多学科的知识，更重要的是可以满足社会对于复合型人才的需求。

（二）合肥学院合作模式

合肥学院中德合作经济工程专业，是由德国下萨克森州希尔德斯海姆-霍尔斯明登-哥廷根应用科学大学（HAWK）在合肥德国应用科学学院的框架下合作开设的一个专业，其专业方向分别为建筑工程、环境工程和不动产经济。其人才培养方案由中德双方共同制定，借鉴德国课程模块化教学方式，实现培养“高层次、应用型、国际化”的现代人才的目标。学生在国内完成本科阶段前三年的学业，第四年赴德国，在德国教授指导下完成专业方向课程（模块）、实习和毕业论文。学生毕业后分别获得合肥学院和德国希尔德斯海姆-霍尔兹明登-哥廷根应用科学大学颁发的学位，并且有机会在德国进一步深造。双方在共同制定人才培养方案的基础上，还充分利用希尔德斯海姆-霍尔兹明登-哥廷根应用科学大学的优质教育资源，专业课教学由中德双方教师共同完成，其中60%的专业课程将由德方教授完成。合肥学院中德合作经济工程专业教学创新，主要体现在实验实践教学、课程教材模块、教学方式方法以及跨文化交流等方面。该专业实行模块化教学方式，通过公共基础课整合、专业基础课优化、自主学习强化、打破课程界限等方式，对教学内容进行优化、整合、重组。大量采用“项目研讨式”教学方式，提高学生独立思考、团队学习、语言表达能力。

（三）两种合作模式比较

两种合作模式相同点主要表现在：(1) 成立独立的中德合作办学机构。同济大学成立同济大学中德工程学院(CDHAW)、合肥学院成立合肥德国应用科学学院(DHH)。(2) 采取双校园“3+1”模式。学生必须分两部分完成学业，一部分在中国境内的合作高校内完成3年学习，另一部分赴国外的合作校内完成1年学习和论文撰写。(3) 采取本科双学位项目。(4) 按照高考计划招生，招收高考本科线上的学生。(5) 两校经济工程专业项目均获得德意志学术交流中心(DAAD)的资助，并分别通过前期资助的评估。(6) 合作对象都是德国应用科学大学。(7) 两校经济工程专业均重视校企合作，尤其是与中国的德资企业合作。(8) 学生的毕业实习和论文都在德国完成。强调论文的问题导向，力求真题真做。

两种合作模式不同点主要表现在：(1) 经济工程专业方向不同。同济大学有机械、电子、物流等3个方向；合肥学院有建筑节能、环境工程、不动产等3个方向。(2) 学历学位证书不同。同济大学颁发物流工程本科学历和管理学学士学位，德国合作高校颁发工学学士学位；合肥学院颁发经济学本科学历和经济学学士学位，德国合作高校颁发工学学士学位。(3) 招生方式不同。同济大学在当年学校普通招生代码中招收的新生中选拔，合肥学院采取独立的招生代码招生，学校招生时直接录入经济工程专业。(4) 在模块化教学方面，合肥学院经济工程专业借鉴德国高校经验，实行模块化改革；同济大学没有开展模块化教学。(5) 德国教授授课情况不同。同济大学经济工程专业前三年的专业课基本由国内教师承担，德语课部分由德国教师承担，最后一年由德国教授承担；合肥学院经济工程专业核心课程占全部专业课程的60%，且德方教师担负的专业核心课程的门数和教学时数均占全部课程和全部教学时数的50%以上，部分德语课和最后一年课程由德国教授承担。

总之，两校通过合作办学项目，采取适用各自条件的合作模式，引进德方专业课中部分优质课程资源和教学方法，扩大了经济工程专业在国内的影响。

三、经济工程专业本土化实现基础

（一）社会大量需求经济工程人才

经济工程专业人才在中国社会需求量大，而国内高校又没有开设此专业，所以需要从供给侧发力，尽快解决这一供需矛盾。德国经济工程专业在20世纪90年代快速发展，是与德国工业化发展相适应的，因为德国工业自动化的模式到90年代就已经替代了大部分的人工。德国工业化进入自动化阶段，由经济和技术融合催生经济工程专业在90年代以后得到飞速发展。

经济发展和科技的进步对于人才的需求量增加，在工业领域呈现一些工作岗位对于人才提出新的要求，既要懂得经济又要懂得某种工程技术，在处理实际工作时能够从经济和技术两个角度综合考虑，科学决策和实施。中国目前工业发展阶段与德国20世纪90年代经济工程专业兴起工业背景有某些相似性。中国已进入工业化中期，经济体量大，200多种工业品产量居世界首位，装备水平处于全球产业链中端，性价比高。

中国从世界制造业大国向制造业强国转变过程中，面对国际经济形势发展不稳定因素增多和竞争日益激烈的境况，经济技术人才市场需求大。在企业，无论是在决策过程中，还是在市场营销中，需要大量经济工程人员。比如，在不动产项目决策时，这样的人员可解决建筑技术和经济核算，从项目的技术和经济核算中得到最优，即达到节能、环保、节约、经济多项功能。交通运输、市政规划建设等综合部门也需要经济工程人才。中国的人口红利不断减少，用工缺少问题将会日益突出，经济工程专业将有利于中小企业解决用工难问题。

（二）中德高校合作积累了丰富经验

近年来，德国高校与中国高校开展经济工程专业项目合作，为该专业在中国本土化提供了丰富经验。尤其是同济大学和合肥学院经济工程专业项目合作更具特色。德国经济工程专业在综合性大学、工业大学和应用科学大学普遍设立，包含本科、硕士和联合培养博士3个层次。目前，中国高校与德国应用科学大学主要在本科阶段进行合作。中德合作高校通过不同的模式合作，已在应用型大学办学理念、专业方向设置，专业与区域发展紧密联系，课程模块设置及国外优质课程模块引进等方面积累了一些经验。

（三）中德工业制造升级合作推进

中国政府和德国政府都在推进工业制造升级，由此产生的新经济、新技术和新业态为经济工程专业发展和合作提供了物质基础。中国制造2025和德国工业4.0是两国政府推动的工业制造升级战略，旨在促进工业自动化向智能化转变，提高工业的竞争力。德国工业4.0是由德国政府《德国2020高技术战略》中所提出的十大未来项目之一，旨在提升制造业的智能化水平，建立具有适应性、资源效率及基因工程学的智慧工厂，在商业流程及价值流程中整合客户及商业伙伴。其技术基础是网络实体系统及物联网。中国于2014年年底首次提出“中国制造2025”的概念，并在2015年3月由李克强总理在全国两会上作《政府工作报告》时首次提出“中国制造2025”的宏大计划。这无疑将成为两国之间的全方位深度对接与合作的新起点。工业自动化完成后，德国的经济工程专业得到快速发展，若两国工业智能化升级合作，势必为经济工程专业发展提供新机遇。

（四）中国高教专业改革政策支持

我国教育部本科专业设置目录在规范高校专业设置方面发挥了重要的作用，

但现在也不断受到各方的质疑。“当学科专业目录作为国家决定知识生产和传播合法性的政策手段时，它给我国高等教育发展带来了诸多问题，主要表现在学科建制的合法化、人才培养的同质化以及组织建制的行政化方面”。

经济工程专业在中国企业非常受欢迎，尤其是在中国的德资企业，比如BOSCH（博世）、西门子、大众集团以及大陆集团等企业与经济工程专业项目建立联系，并表示对该专业毕业生具有浓厚兴趣和接纳意愿，此类人才市场需求量非常大。2017年4月，经国务院同意，教育部等五部委联合印发了《关于深化高等教育领域简政放权放管结合优化服务改革的若干意见》，明确提出在学科专业、编制、岗位、进人用人、职称评审、薪酬分配、经费使用等方面进一步向地方和高校放权，即给高校松绑减负。高校本科专业改革为经济工程专业申报提供了政策支持。另外，经济学发展与新工科不断融合。经济学更加重视数学和实践教学，新工科面向新经济业态发展新技术和改进现有技术，两者的目的交集于服务新经济和教学运用新技术手段。合肥学院中外合作经济工程专业充分体现经济学与建筑节能、环境工程等新工科融合的特点。

四、结束语

伴随着经济全球化和高等教育的国际化，日益增多的中外合作办学项目，在引进国外优质教育资源、促进我国教育国际化方面起着重要的作用。经济工程专业移植要注意与中国高等教育客观实际相适应，不能照搬照抄，要采取开放和科学的态度，吸收德国应用型教学理念和引进优质教学资源和教学方法。中方合作高校在经济工程专业本土化方面应着力于：继续做好目前的本科专业项目合作，扩大合作规模，开展研究生层次合作项目；加强中方合作高校的联系和交流，总结合作办学经验；重视经济工程专业移植与本土适应的理论研究，为未来专业发展提供理论支撑。

经济工程专业合作办学的经验与启示[①]

调整高等教育结构，提升高校适应和服务经济社会转型的能力，引导部分地方普通本科高校应用型转型发展是全面深化高等教育综合改革的迫切需要。专业转型是推动地方高校转型的重要抓手，必然要求改造传统专业，创办发展一批应用型、复合型新专业。将经济工程方向升级为独立的专业，更是开拓经济类专业应用转型的一种尝试。合肥学院在与德国应用型大学合办过程中对德国应用型人才培

① 本文作者为宋玉军，原载于《应用型高等教育研究》2017年第2卷第3期。

养模式有了较深的了解，推动经济工程专业本土化的条件日趋成熟。

一、中德合办经济工程专业方向的由来

中德合办经济工程方向起源于德国的经济工程专业。在德国，经济工程专业开办于1927年的德国柏林工业大学。到目前为止，德国开设经济工程专业或项目的应用型大学有101所，综合型大学有32所。该专业的核心目标在于将经济学科与工程技术有机结合，以解决德国工业制造业存在的工程技术人员不懂经济，经济专业人员不懂工程技术的现实难题。所以，经济工程专业的开设根源于德国经济社会发展的现实需求，特别强调专业的实用性。该专业人才的培养大多与企业合作，让学生在不同的实践项目中完成学业，较为充分地体现出应用型人才培养的特质。

在现实发展过程中，经济工程专业对于经济学科的理论要求较为稳定，涵盖了产品制造、物流、金融、审计等领域的知识与素养，也开设法律等相关知识。而工程学科方向的理论与能力培养却是多元的，各高校基于自身学科优势（或专长）和资源禀赋，选择机械制造、电子信息、建筑等领域作为经济工程专业人才培养的一个重点方向。因而，德国各高校的经济工程专业之间千差万别，因校而异。在专业层次上有硕士、本科，授予的学位也是不同的。本质是跨学科，学习难度较大。

合肥学院与德国高校合作已有30年的历史。在合办经济类专业方面，2010年开始启动经济工程项目。2011年，该项目建设获得德意志学术交流中心（DAAD）的资助立项。2012年，经安徽省政府批准，中外合作经济学（经济工程）专业在合肥学院正式招生，采用“3＋1”学制。2015年5月，经济工程专业方向在合肥学院顺利通过德意志学术交流中心（DAAD）资助项目的德方专家的验收。

二、经济工程专业特征及优势

经济工程专业是在德国高校中普遍设置的一个独立专业。经多年合作办学和对德国应用型人才培养模式的考察、交流，合肥学院对经济工程专业内涵的认识日渐明朗化。经济工程是经济学和工学耦合而成的复合型专业，基于经济理论知识与素养要求的稳定性。该专业以“经济学＋”为专业设置基础，将经济学与工学置于同等重要位置，以对接企业项目的教学形式，将学生自主选择与学校优势资源相结合，综合运用经济学与工学的知识及技能，生成不同于纯粹经济学和纯粹工学的跨学科专业。该专业的特征与优势表现在以下几个方面：

（一）具有适应人才市场需求多变的特性

自2008年全球金融危机以来，世界经济进入深度调整时期；我国经济发展进入新常态，由高速增长转向了中高速增长，产业结构亟待调整、优化升级，社会转型要求迫切。适应新常态，激发新动能，培育经济社会急需应用型、复合型人才，保持经济持续健康发展是我国当前面临的重要课题。以互联网＋、大数据等为代表的

创新驱动因子不断累积并引发新一轮产业变革和创新浪潮。由此带来市场需求变化速度加快，对专业人才的能力素质提出了新要求。跨学科知识融合、跨领域技术协同已成为当代科技领域创新项目实施的显著特征，单一学科、专业的发展越来越难以满足这种综合性、复合化的新要求。这就需要不断优化学科专业、类型、层次结构，促进多学科交叉和融合，培养更多的具有多学科背景的复合型专业人才。

顺应经济社会发展新趋势是推动经济学科专业转型发展的先决条件和必然要求。集成了经济学与工学两大学科的经济工程专业，明显具有“深厚经济理论＋明确工程方向”的多学科复合优势，既是对经济社会发展新要求的回应，也是市场驱动的必然结果。经济工程专业因“市”而动和因“人”而异的工程方向动态化设置，完全能够适应人才市场需求的多变性，解决了地方高校人才培养与市场需求不相匹配的难题，克服了传统意义上经济专业学生不懂工程知识，工程专业学生不懂经济的现实困境。我们在合肥学院准备与德国合办经济工程专业进行论证时，经大量的调研和企业实地走访，发现这种复合型经济类人才最受用人单位的欢迎。在国家实施“大众创业，万众创新”战略背景下，更需要培养类似经济工程这种复合型专业人才。

（二）具有整合利用校内外优势资源的特点

培养人才，服务社会是高等教育发展的根本宗旨。高校的学科发展、专业设置与经济社会发展相契合是高等教育发展规律的内在要求。经过长期的发展和历史的积淀，各高校在一些学科专业、实践教学、服务地方等方面积累了丰富的经验，也拥有各具特色的办学资源。如何依托和利用已有的校内外优势资源，开辟专业转型的新路径，进一步形成特色专业集群，需要地方高校系统思考学科布局和专业结构优化。

就经济工程专业而言，以“经济学＋”为设立基础，通过整合，利用学校所积累的校内外优势资源，紧密贴合区域性产业发展和人才市场的需求，确定人才培养细分的“工程方向”，细分后“工程方向”提高和放大经济学专业方向调整和人才培养的动态性和柔性化，以实现高校人才培养与市场需求的“无缝对接”，专业调整与地方经济发展的良性互动，使得“专业的变化更加与社会同步，专业也更加呈现出跨学科特点”。

（三）具有契合学生个性化成才的特征

经济工程专业定位于经济学学科是缘于本专业学生的初始理论基础为经济学，是以“经济学＋”为理念而产生的新专业。区别于一般经济类专业是，经济工程专业学生在低年级阶段学习经济知识，培养经济学科思维和评判能力；而在高年级阶段则要结合个人兴趣、特长自主选择接受建筑工程、能源科学与工程等方向的理论知识和能力训练，细化和聚焦经济工程专业人才培养的方向，明晰定位该专业学生未来工作的行业，通过产教融合、产学结合、校企合作的育人机制，实现人才培养规格与地方经济发展、行业岗位需求的完美“续接”。所以，经济工程专业毕业生汇集经济学与工学两个学科领域的知识与能力,能够基于他们所受到的教育背景与能力训练从不同视角分析与经济、技术和法律相关的各种工程问题并能进行经济性和技术性的评判,具备解决这些问题的能力与素养。显而易见,经济工程专业学生以兴趣选择专业方向,以专业方向确定未来工作走向,沿循由“兴趣→专业→职业”的个性化职业生涯成长路径,高度契合学生成长成才多样化的内在要求。

三、推动经济工程专业本土化实践的思考

经济工程专业本土化就是将中德合作经济学专业(经济工程方向)在我国现有经济学科门类下设置为一个独立的新专业,将德国的专业设置和培养模式“移植”并内化为国内传统专业的改造和人才培养模式的创新实践,在地方高校形成有力支持地方经济社会发展的一个新的复合型专业。

(一) 经济工程专业缘何本土化

经济工程专业本土化不仅仅在于专业自身存在的优势,更重要的是切合我国地方高校应用型转型的要求,为传统专业改造、经济专业拓展和应用型人才培养提供了新思路。

1. 地方高校应用型转型发展的需要

在高等教育大众化阶段,人才培养日益多元化,“应用型”办学定位成为地方高校破解区域高等教育趋同发展困局,适应经济社会多样化需求的应然之举。《国家中长期教育改革和发展规划纲要(2010 — 2020)》明确提出“适应国家和区域经济社会发展需要,建立动态调整机制,不断优化高等教育结构”“重点扩大应用型、复合型、技能型人才培养规模”。2015 年 10 月 21 日,教育部、国家发展改革委、财政部联合发布《关于引导部分地方普通本科高校向应用型转变的指导意见》,对引导部分地方普通本科高校转型发展和应用型人才培养战略意义、转型路径和方式方法做了详细的阐述,指出“要以改革创新的精神,推动部分普通本科高校转型发展”。这必将成为推动地方高校转型发展的新航标。

地方高校应用型转型不能将“应用型”办学定位置于虚化的境地,而应该将转型发展着实建立在专业应用型转型和为地方培养应用型人才的现实基础之上。在新的产业变革和创新浪潮中,地方高校应该紧紧围绕区域经济社会发展需求调整专业体系,通过传统专业改造,增设和发展一批应用型、复合型专业,以学校“专业链”有效对接地方“产业链”,从而实现学校的“华丽转身”。从国际经验看,在新的工业革命和产业变革中,欧洲发达国家都及时调整了高等教育的层次和科类,普遍重视发展应用型高等教育。“通过教育结构与经济产业结构的适切调整与匹配,使高等教育对社会经济发展和国家竞争力提供了有力的支撑”。因此,借鉴德国、荷兰、瑞士等国家经济类专业转型发展的理念和办学经验,在当前经济学本科专业目录下增设经济工程专业,以专业调整与转型促进并推动地方高校应用型转型,从而助力地方创新创业、区域产业转型和国家系列重大经济战略的实施。

2. 提供专业转型改造和应用型人才培养的新思路

经济工程专业是经济专业知识与能源等细化方向工程知识的有机组合而成的一个复合型新专业，是多学科支撑专业发展和经济类专业进一步细分的体现，是对现代社会发展复杂性、市场发展多变性和创新要求跨越性的积极回应。就经济学学科而言，地方高校转型发展就是要设立更多经济类复合型专业，为地方发展培养高水平应用型经济类专业人才。经济工程是以“经济学＋”为专业设置基础，新能源等对接地方经济社会发展需求的工程方向课程模块，以产学结合、校企合作的项目教学方式，将理论学习与知识运用有机结合起来，改变了以“学科导向”设置专业、以“知识传授”培养人才的传统模式，体现了“市场需求导向”专业设置和“知识学习”与“知识运用”同步化推进的应用型人才培养的教育发展理念，最佳匹配学生自主选择、学校优势资源与市场需求，从而提高经济类专业结构调整的“柔性化”程度，拓展了经济类专业衍生的新途径。经济工程专业设置和人才培养模式没有遵循纯粹经济性或者纯粹技术性的单一发展路径，具有很强的应用型和复合化的要求和特质，为其他学科推动和实现专业的复合化、专业的转型改造以及应用型人才培养模式提供了新思路。

（二）经济工程专业方向实现专业本土化的要件分析

学校准确的办学定位、教育教学改革的勇于探索和经济工程专业方向的办学实践为经济工程专业实现本土化创造了条件。合肥学院逐渐具备实现经济工程专业本土化所积累的基础和条件。

1. 办学定位是经济工程专业实现本土化的先导条件

办学定位是学校发展的顶层设计。引导部分地方高校向应用型转型就是要明确学校的办学定位，要求学校能够结合自身的条件，探索融合地方经济社会发展的新路径。合肥学院于 2003 年确立了“地方性、应用型、国际化”的办学定位，借鉴国外应用型高校的办学模式，创建应用型人才培养新机制，自 2012 年设立经济学专业（经济工程方向）以来，合肥学院经济系依据学校办学定位，立足于安徽省重点产业和战略性新兴产业（如新能源）发展的现实，针对合肥市尤其是经开区产业发展和人才需求的特点，结合国外（德国）合作院校优势专业设置能源工程、建筑工程、房地产 3 个工程方向，培养与合肥市经济社会发展需要高度吻合的应用型经济类人才。正是基于合肥学院准确的办学定位才有经济工程专业方向的设立，才能为实现经济工程本土化，实现创设经济工程专业提供了可能。

2. 教育教学改革为经济工程专业本土化铺设了前提条件

教育教学改革是推动高校转型、学科专业发展的动力。合肥学院积极开展一系列教育教学改革，勇于探索合作育人、开放育人之路。其中，不断推进的模块化教学改革为经济工程专业设置和应用型人才培养规律探究提供了坚实的基础和良好的环境。各经管专业与各工程专业的课程模块化，消除了课程间的界限，使得“经济模块”与“工程模块”的叠加与融合由可能转化为现实。课程模块化教学改革的一个重要目标就是要实现由知识输入转变到知识输出、能力培养，强化实践育人。由第二课堂、认知实习学期设置、创新创业教育模块、专业见习实习以及各子模块的实验、实训等系列实践育人环节紧密相连，构成了系统化实践育人体系，学校各专业实践学分全部达到了30%以上。同时，“双师型”师资队伍不断扩大，实习基地建设根基不断稳固，企业“嵌入”课堂深度不断加大，等等。这都为创设经济工程专业和人才培养体系的建立铺设了前提条件。

3. 中德合作办学经验的积累为经济工程专业本土化建构了基础要件

在中德共同合作举办经济学专业（经济工程方向）过程中，合肥学院经济系秉持学校开放育人的理念，坚持“干中学”的基本要义。该人才培养方案由德方负责制定，专业细化方向的子模块由德方老师承担，着实见证了德方应用型高等教育的发展理念和应用人才培养模式对合肥学院办学的指导意义，合肥学院经济系不断反思我国地方高校专业设置和人才培养模式，将德国应用科学大学的专业设置与人才培养的一些先进理念和教学模式，不断内化为经济工程专业本土化的实际行动。开办经济工程专业，就是要为地方（合肥）培养能够在能源、环境等工程领域岗位从事工作的高端应用型人才，也是充分借鉴和利用德方合作办学经验的必然结果。

第七章　应用型中外合作办学课程质量保证的探索

基于风险视角和CDIO理念的国际物流课程体系研究[①]

一、研究背景

自改革开放以来，进出口贸易始终是我国GDP增长和经济发展的重要推动力之一，国际贸易的实现与完成，离不开国际物流的发展。特别是近十年，随着宁波-舟山港、上海港、天津港等国内沿海多个港口均跻身全球十大港口排名，我国的国际物流行业显露出不俗的实力和巨大的潜力。因此，国际物流课程作为物流管理专业分领域物流模块的课程之一，对学生的专业能力提升和综合素质培养都有着重要的作用，也是社会需求的体现。同时，国际物流课程对物流管理人才的培养还具有以下作用：

（一）职业生涯拓展

将“国内物流”延伸至全球，可以帮助学生树立国际化视野，发现更多就业或创业机会，拓展职业生涯规划的路径。

（二）综合能力的培养

包括：① 工具能力。运用所学方法和技巧，普遍能够计划、建立并调控国际物流相关流程；② 交际能力。运用所学知识，针对跨国物流领域的问题提出解决方案，并为不同规模和类型的不同企业、针对不同目标设计出具有良好结构性和关联性的方案和操作模型；③ 系统能力。能够运用专业技能、知识和方法，以及实践经验，形成较为系统、完善的国际物流策略。

（三）激发潜能

人的智能具备多元化的特点，在人才培养过程中应当以每个人都有自己独特的智能组合为前提。通过课程的学习，在面对国际物流不同分工环节，发掘学生的

---

① 本文作者为董尹，原载于《科教文汇》2017年总第392期。

不同智能组合潜力，激发他们的兴趣，使其具备相应的技能，但又不失具有共性的职业素养。

（四）强化相关领域学习成果

国际物流课程的学习需要许多相关知识领域的辅助，除了物流管理本身诸多专业课程之外，国际贸易、市场营销等课程也需要先行学习或是同时学习，从而帮助学生巩固了已学习到的或获得的知识与技能。

二、国际物流课程教学现状分析

由于物流管理专业是一个相对较为新兴的专业，国际物流课程所教授的内容也还缺乏相对统一的认识：有的偏重国际贸易实务和信用证的内容；有的偏重不同国际运输方式的内容；有的偏重阐述国际货运船舶代理方面的知识；还有的从海关的角度偏重报关和报检方面的知识，等等。

总体上来看，课程内容和教材相对比较杂乱，还没有形成一个被广泛认可的框架或是主线。在课程教学方法层面，单纯的理论讲授辅以经典案例仍是该课程的主流上课方式。虽然案例方法可以在一定程度上缓解理论课程枯燥乏味的教学现状，但对于学生积极性的调动还是无法起到很好的作用，同时物流管理也具有自身特有的“系统性”，需要在专业学习中将以前所学的各个看似孤立的课程或单元有效地集成起来，才能形成良好的培养效果。

国际物流课程作为物流管理专业的一门核心课程，也是一门锻炼学生对所学知识进行综合运用的课程，需要学生将以前所学的各门课程及该课程各章节的知识结合起来，从供应链的视角出发将国际物流各项功能或活动进行整合优化。只是依靠理论灌输和传统的案例教学无法充分调动学生的主观能动性，也无法有效地实现该课程的培养目标，由此，在内容和教学法上都有待改进和创新。反观国外国际物流专业的教学内容和方法，则更多地体现出供应链思维，以项目构建为驱动模式，让学生能够确实把握到国际物流的系统性，并且最终目标都是促使学生运用多学科知识设计出一个完整的国际供应链方案。这种从宏观视角出发的教学内容设置和教学法使用，可以帮助学生自顶向下较为牢固地掌握课程的各个知识点，在实现课程培养目标的同时，也能进一步提升学生发现问题、分析问题和解决问题的能力。

基于上述对国内外国际物流教学现状的阐述和对比，说明目前国内国际物流课程还存在着教学内容和方法等方面问题，需要做进一步深入的研究。另一方面，国际贸易的履行和达成是建立在国际物流基础之上的，相关的实际操作活动是在国际物流企业与买方或卖方达成协议之后，通过一系列物流作业环节来完成对客户的承诺。由于国际物流合同的标的物是有价值的实物，同时物流作业过程中存在很多不确定性因素，容易发生数量上的溢短缺、外包装的破损、货物的灭失或是质量的损失等风险事故。特别对于那些抗风险能力弱的生产型和外贸型企业来说，一起风险事件的发生可能就会造成全局的瘫痪甚至企业的倒闭。所以，在充斥着大量风险问题的国际贸易和国际物流领域，从事国际物流工作的人员，除具有一定专业知识之外，还要有强烈的风险意识，避免差错和各类事故的发生。而在现有的国际物流课程教学中，并未很好地将风险意识的培养贯穿整个课程内容，充其量只是某一章节，也非重点内容。因此，这一点也需要在教学研究过程中进行融入。

三、国际物流课程内容重构

（一）引入风险视角

风险是普遍存在的事物，对于任何企业而言，操作层面的风险无可避免，而且国际物流活动所要面对的风险程度远远大于国内物流活动。所以，对国际物流课程内容的重构，需要将操作风险（operational risk）引入并进行融合。国际物流操作风险与风险因素、风险事故、风险损失密切相关，它们构成了风险存在与否的基本条件。风险因素引起风险事故，风险事故导致损失，在国际物流环境下它们的关系如图 7.1 所示。

之所以要将“风险”融入课程内容，是因为根据物流操作风险的定义可知，物流操作风险要素主要包括组织/人员、流程、系统（物流设施设备与电脑系统）等，而这些要素恰恰构成了企业的主要管理要素。从一定意义上讲，国际物流操作风险防范过程实际上就是对国际物流企业主要管理要素进行有效管理的过程。因此，在国际物流人才培养的过程中，既要传授国际物流相关理论和操作知识，同时还要培养风险意识，了解风险管理知识熟悉风险防范措施。

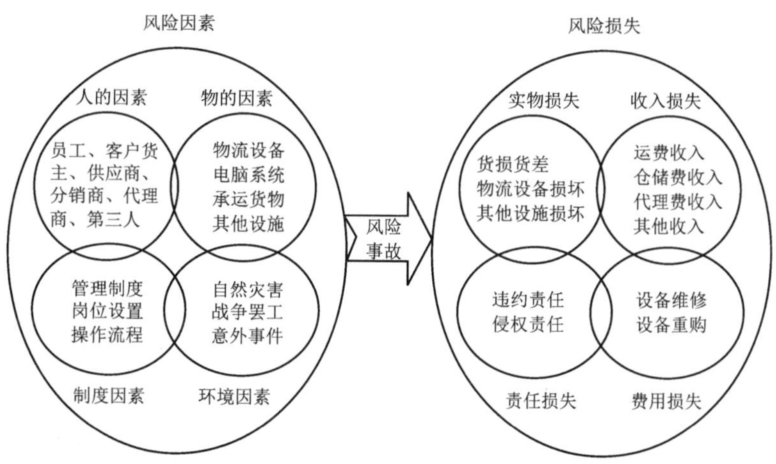

图 7.1　风险因素、风险事故、风险损失的内容及其关系

（二）融入操作风险的课程内容框架

现代国际物流企业可以提供的物流服务越来越全面和周到，从原料的采购、商品生产或加工地点的选择，到核心业务如原料或产成品的储存保管、装卸、包装、租

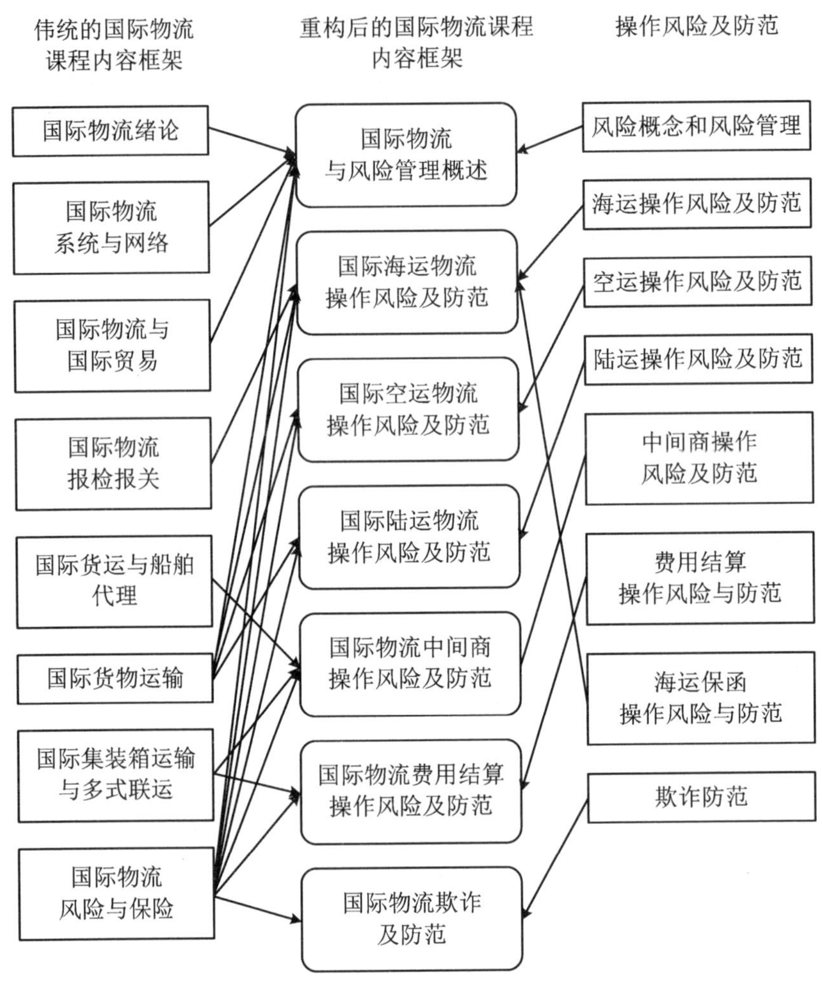

图 7.2 重构后的国际物流课程内容框架

船、订舱、配载、制单、报关、报价、集港、疏港、运输、结汇等，再到物流过程的跟踪和信息反馈，直至货物到达指定目的地的最终用户手中。

当然，就具体的国际物流企业，是否能提供这些业务内容取决于企业的资产实力、资金实力、资源整合能力、信息技术能力等。相应的，可分为咨询与设计类风险、运输类风险、仓储/配送类风险、增值服务类风险、报关报检类风险、货代船代类风险等。从操作层面看，按业务主体可以分为：外贸企业物流操作风险、国际运输企业操作风险、国际港站企业操作风险、国际物流中间商操作风险、其他国际物流企业操作风险。按运输方式则可以分为：海运物流操作风险、陆运物流操作风险、空运物流操作风险。

综上所述，将传统的国际物流课程内容进行解构和重构，融入操作风险，形成新的课程内容框架，共由 7 章组成，如图 7.2 所示。

四、基于 CDIO 理念的教学方法

在教学方法上，考虑将 CDIO 工程教育式的教学方法引入国际物流课程。CDIO 是构思（Conceive）、设计（Design）、实施（Implement）、运行（Operate）4 个英文单词的缩写，经过多年的海内外诸多高校的摸索与实践，CDIO 的教育理念和方法在对学生的项目整体规划与设计能力、终身学习能力、团队沟通能力和系统全局掌控能力等方面有着明显的提升作用。国际物流是一门知识面广、实践性强的课程，由于通过引入风险视角将课程内容进行了重构，所以在教学过程中需要更为先进的教学方法来支撑，要让学生能够做到将风险思维和意识融会贯通到每一个环节中，在进行国际物流方案（项目）设计与策划的同时还要考虑各环节的具体风险问题。但基于"理论＋案例"的传统管理类课程教学方法无法很好地实现上述课程的教学目标，而 CDIO 国际工程的教育理念和模式却为此提供了借鉴的契机。

基于上述理由，对于国际物流课程教学方法的设想，则是以 CDIO 能力大纲为参照系，在课程开始期初，首先提出一个国际物流（涵盖至少两个环节的相关操作风险）的项目设计要求和背景。要求学生学完本课程后，以小组的形式集思广益，分工协作，将所学的各门课程及本课程各章节的知识综合运用，最终形成项目设计方案并制作 PPT 按个人逐一汇报，授课老师和其他学生可在汇报完毕之后进行提问。这样既可以让学生们系统地掌握国际物流操作环节及其风险，又可让学生有目标地整合之前所学的各门专业课程或知识单元。同时，要求设计的内容必须针对实际的国际物流及操作风险项目，提出包含风险防范措施在内的解决方案。

促使学生真正掌握国际物流的内涵和精髓，培养风险意识，也锻炼了学生们的理论联系实际和项目设计能力、创新与系统思维和团队合作精神。整体思路如图 7.3 所示。同时，运用 CDIO 方法进行教学，并不是要排除对案例的使用，反而要对案例库进行优化，使之与教学目标相匹配，既有单个环节的案例，也有完整方案的案例，同时融入风险情景。让学生在学习和完成最后方案（项目）设计的时候可以参考。

五、小结

本书以风险为基础，国际物流理论知识为核心，对国际物流课程体系进行了一定程度的研究，希望能够应对在教学过程中可能存在的问题，并达到一定的效果。

(1) 课程内容杂乱，缺少主线。风险视角的引入，使得教学内容可以围绕该主题，进行内容上的重构，让学生的理论学习更具针对性，也能体现应用型大学运用知识解决实际问题的宗旨。同时，也可以加入国际物流最新的研究成果和企业实战经验，如保税物流、跨境电商、物流管理咨询方法和方案设计等，主要培养学生成为具有风险意识的国际物流方案设计与策划者。

(2) 教学方法和手段单一。借助 CDIO 理念和方法，参照其 12 条标准和能力

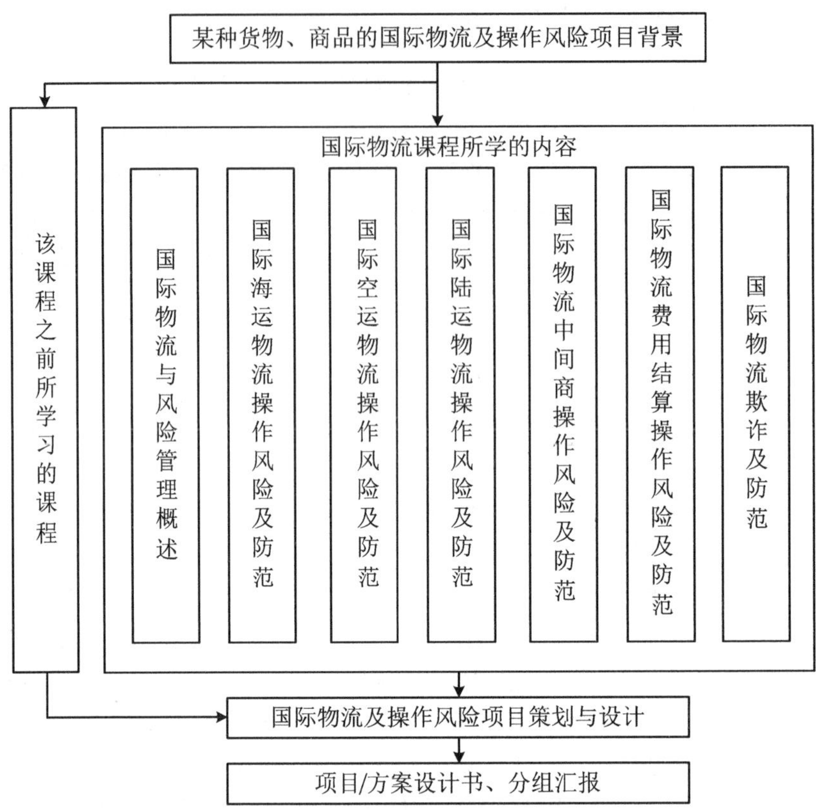

图 7.3　基于 CDIO 理念的国际物流课程教学方法整体思路

大纲，对学生能力进行培养，激发学生的积极性和潜力。“做中学”的思路，也与国际物流方案(项目)设计与策划能力的培养相契合。构思和设计是理论知识的运用，实施和运行对学生进行创新创业的促进。

(3) 缺少专题案例库。目前在教学过程中使用的案例，其内容都较为零散，不成体系，无法很好地向学生展示国际物流整体过程。通过重新收集和设计，撰写特色案例，构建出与本课程相匹配的案例库，也是需要解决的问题之一。特色案例库的构建，也是对传统“理论＋案例”方法的改革，使得案例更有针对性、参考性和完整性。

应用型本科院校“物流信息管理”课程教学设计研究①

一、课程目标与定位

“物流信息管理”是物流管理专业非常重要的课程之一，具有承前启后的作用。“物流信息管理”的教学目标是通过系统地介绍现代物流信息管理的基本原理和典型应用，使学生具备综合运用理论知识进行实际分析的能力，熟练掌握相关技术的应用，成为理论知识深厚、技术运用能力较强、综合素质较高的综合性物流技术人才。

应用型本科高校物流管理专业注重培养学生操作能力，培养学生的专业素质与技能，使学生能系统地了解物流信息管理的理论、实务与方法技术，为日后走向工作岗位打下理论与实践基础。通过对物流信息技术的详细讲解，使学生熟练掌握条形码、射频技术、GPS、GIS等物流信息技术，并运用于仓储、配送、运输等物流信息管理领域。

二、课程教学内容设计

（一）“理论、实验、实践”三位一体的课程教学体系

理论和实验、实践素养并重，既包括理论知识的传授，也包括实验技能的训练和企业实践应用能力的培养。

1. 在理论教学内容中，“物流信息管理”整合了“物流信息技术与信息系统”“电子商务概论”“数据库原理”“信息系统安全与保密”等多门课程的教学内容。其中，“物流信息技术与信息系统”课程作为“管理信息系统”模块的核心内容，重点介绍了物流信息采集技术（如条码技术、RFID技术），物流动态跟踪技术（如GIS技术、GPS技术），典型的物流信息系统。“电子商务概论”主要介绍电子商务与物流的关系，电子商务物流模式的选择和方案设计。“数据库原理”“信息系统安全与保密”课程主要介绍常用的数据库及数据库设计和信息加解密原理。

2. 实验教学是“物流信息管理”不可缺少的关键环节，也是课程的一大特色。实验教学主要包含硬件实验和软件实验。其中硬件实验包含条码制作和模拟超市、立体仓库与分拣系统、RFID小车、AGV自动导引小车、物流立体沙盘等，让学生用真实的设备在真实的运作环境中，对相关物流技能进行操作体验实训，能够有效地增强学生参与的积极性和提升物流实验教学的实效性。除了硬件实验之外，

① 本文作者为刘玉，原载于《吉林工程技术师范学院学报》2017年第33卷第7期。

另外，还开设电子商务模拟实验、仓储信息系统、配送信息系统、运输信息系统等软件实验，通过业务流程的练习，让学生充分理解物流信息系统如何管理控制物流业务流程，培养学生物流信息系统的管理能力。在实验的安排上，做到难易结合，并给予一定的选择空间，培养学生的动手能力和创新能力。

3. 强化学生实践能力，拓宽校外实践渠道。物流信息技术的应用性强，所以在教学中结合地方经济的发展，组织学生参加企业调研，并设计 PPT 在课堂上进行分享。以小组为单位往往能够提供具有一定深度的调研报告，并且可以培养团队的分工协作能力。在校企实训基地参观实习，把所学的知识应用于生产实践中，能够培养学生分析问题、研究问题和解决问题的综合素质。

(二)“物流信息管理”教学内容子模块的划分

应用型大学“物流信息管理”教学培养物流管理岗位所需的重要技能包括：物流信息采集和识别能力、物流信息动态跟踪能力、物流自动化设备应用能力、物流信息平台的操作能力等。因此，进行如表 7.1 所示的子模块划分。

表 7.1 物流信息管理子模块划分

子模块	理论	实验实践
子模块 1	物流信息采集技术：条码、RFID	条码制作、模拟超市、RFID 小车实验
子模块 2	物流动态跟踪技术：GPS、GIS	GPS 快速定位和最佳路径选择
子模块 3	电子商务与物流	电子商务实训系统、设计策划电子商务网站
子模块 4	物流自动化技术	自动化立体仓库、AGV 实验
子模块 5	物流管理信息系统	仓储、运输、配送管理软件实验

三、运用丰富多样的教学方法和手段

(一) 理论教学采用“课内精讲＋自主学习”

对于“物流信息管理”各子模块的教学重点和技术难点，在课堂教学中采用多媒体教学精讲；对于预备知识和非教学难点部分，采用学生自主学习和答疑相结合的方式。其中自主学习的形式主要包括：

1. 课前预习＋课后复习

(1) 课前预习是提高听课质量的重要方式。对于在课前预习过程中已经理解和掌握的知识，可在教师的讲解过程中加以验证和巩固，加深对知识的理解和掌握，将注意力集中在课前预习中感到疑惑的地方和老师补充的新内容。

(2) 课后复习是巩固课堂学习效果的主要途径。通过布置课后练习题对于教学重难点进行强化训练，能起到较好的巩固知识的效果。此外，针对本模块的核心教学内容,笔者录制了教学视频,分享给学生在课后针对各自的薄弱环节自行安排听讲。

2. 参考资料的学习

(1) 经典参考书目和物流技术相关期刊的借阅。要求学生通过老师提供的书单和期刊去图书馆借阅相关纸质书籍资料,并在浏览后撰写读书心得。此外,为顺应“互联网＋”时代的需求,并和物流信息前沿技术和智能物流发展密切接轨,要求学生订阅物流技术相关的微信公众号,以获得最新的行业发展动态。

(2) 多媒体素材库的学习和观看。本课程建立了内容丰富的多媒体素材库,包括文本类、图形图像类、音频类和动画类等。教学素材能够适合“物流信息管理”教学的各种需要,它既涵盖所有教学内容,又可将每个知识点独立运用于教学。实现辅助教师教学、辅助学生学习、资料参考和学生兴趣扩展等功能,深受学生欢迎。

3. 分组学习交流

(1) 案例讨论分析。针对各个教学子模块,本课程都提供给学生丰富的教学案例,并在课堂教学开始前分发给学生,要求学生课下预习,分组讨论交流,撰写案例分析报告,通过对企业典型案例的分析,让学生对于现代物流技术在企业的实际应用过程有了深入直观的了解,达到巩固知识、锻炼思维、训练表达能力、培养团队合作精神的目的。

(2) 课程大作业设计和汇报。在教师的精心组织下,开展专题热点讨论、专题小论文写作、学术交流等活动。如安排学生在每个教学单元结束时组织课堂专题讨论,分小组进行演示汇报。例如,对于电子商务物流子模块,我们要求学生选择某类产品或劳务分组设计策划一个电子商务网站平台,具体包括:项目选择、货源渠道、产品发布、物流配送、营销宣传的实施方案,并推选代表上台进行汇报交流。通过学生的主题性研讨活动,充分锻炼了学生的逻辑思考能力、语言表达能力等。

(二) 实验教学采用“软件实验＋硬件实验”方式

作为专业核心技术课程,实验教学充分结合了软硬件实验的特点,要求学生通过模拟的物流教学软件平台掌握物流作业流程,如要求学生掌握典型的物流管理信息系统,包括物流运输管理系统、仓储管理系统、配送管理系统以及电子商务系统的应用。另外,综合硬件实验室提供了多种现代化的物流装置装备,学生能身临其境地体验物流设施设备,如自动存取及自动分拣装置和自动导引小车的使用。该课程教学效果获得师生的一致肯定,具体实验项目如表 7.2 所示。

表 7.2　实验项目表

实验项目	实验学时	实验属性
条码软件 Bartender 制作实验	2	软件实验
模拟超市实验	2	硬件实验
RFID 演示实验	4	硬件实验

续表

实验项目	实验学时	实验属性
自动化立体仓库及分拣实验	8	硬件实验
AGV 小车实验	4	硬件实验
物流管理信息系统软件实验	4	软件实验

(三) 实践教学采用“间接实践＋直接实践”方式

将学生在校所学与企业实践有机结合，让学校教学设施和企业的设备、技术实现优势互补、资源共享，切实提高应用型本科高校技能型人才的培养质量。

1. 间接实践

间接实践是指学生通过校内建立的仿真模拟实验场所和课堂对物流管理案例讨论，将所学的物流技术及方法运用于实践当中。例如，沙盘模拟实验室，可以让学生通过分组建立物流公司，在桌面沙盘上模拟其仓储、运输配送流程并进行成本核算，最后进行评分、排名，学生在实践过程中能充分体验到物流企业运作和管理过程。

2. 直接实践

直接实践即学生亲身投入到物流实践工作中，运用所学的物流技术、方法解决工作中的实际问题。这种模式可以通过到校外实习基地实习的方式来实现。学生在实习基地中了解企业的组织过程，将课堂上所学的理论知识和生产实际相印证，加深了对理论知识的理解和掌握。更重要的是，学生在真实的工作环境中，体验真实的生产过程，以及物流技术人员的言传身教，对学生实践素质的养成具有不可替代的作用。另外，通过与企业合作(安徽安利、宝供物流)，建设适合“互联网＋”时代物流人才要求的实训基地，弥补了校内实验室在实践环境上的不足，为高水平物流管理人才的培养创造了必要条件。

四、加强课程管理，强化综合考核

为全面培养和锻炼学生的素质与能力，在考核方式上除采用课堂提问、当堂测验、期中考试、期末考试等常规考核方式外，按照应用型大学培养创新型大学生的要求，设置了案例分析报告、课程小论文等旨在充分发挥学生潜能的过程性考核形式。

案例分析报告要求学生以小组为单位，针对老师给定的选题，结合所学的理论知识，通过实践调研完成案例分析报告。以小组为单位进行评分，并根据知识应用的正确性、报告分析的深度以及讨论和回答问题的表现综合评定成绩、课程小论文要求学生在大量查阅参考文献的基础上，以物流信息管理的重要技术内容作为专题撰写，并根据其知识应用的正确性、分析问题和解决问题的能力以及创新性给出相应成绩。

具体而言，在考核过程中淡化了期末考试成绩所占的比重，而增加了学生的课堂表现和实验实践参与所占的比重。特此，本课程采用“N＋2”的学生成绩评定方法，其中“N”指过程考核成绩(占 40%)，包括笔记成绩(占 10%)和期末考试成绩(占 50%)。从教学效果来看，这种寓考试于学习之中的考核方法使得学生的参与度非常高，达到了预期设定的目标，可进一步在教学实践中完善这种评定方法。

从近几年的教学实践反馈来看，理论与实践相结合，运用多种教学手段与教学方法，对于增强学生动手能力、创新能力、协作能力等有着积极的作用。

新时期中外合作办学专业思政课专题化教学模式研究[①]

随着高校中外合作办学程度的加深，思政课如何适应双重教学管理，成为需要深入探讨的课题。目前，高校中外合作办学专业思政课大多采取专题化教学模式，虽然有效地解决了教学内容繁多与授课学时有限之间的矛盾，但随着网络信息化时代的到来，专题化教学模式面临着一系列新的挑战。

一、当前中外合作专业思政课专题化教学面临的挑战

(一) 中外教学方式差异带来的挑战

在合作办学模式下，专业课程大多采用国外课程体系，选用国外原版教材，引进国外师资，教学方式重视启发引导轻知识灌输，重视参与体验，采用小班课堂教学。而思政课的教学内容有着严格的规定性，以大班授课为主。另外，专业课的接受机制主要是对知识、方法与技能的循序渐进的理解、接受、记忆与应用等。思政课主要是对不同的世界观、人生观与价值观进行比较甄别，或是对已有的作调整，或固化、深化与升华。教学方式的差异导致马克思主义理论难以内化于心、外化为行，降低了思政课的实效性。

(二) 学生学习态度功利性带来的挑战

由于留学国语言入学考试是学生顺利实现国外留学目标的最大门槛，导致在国内学习期间，语言类课程挤占了大部分时间，而思政课课堂教学学时十分有限，网络教学与实践教学无法通过有效方式进行考核，结果导致学生普遍重视语言课，忽视思政课，上课意愿不强，教师靠点名维持出勤率，思政课面临着被边缘化的境地。

(三) 学生认知结构差异带来的挑战

由于培养模式不同，合作办学专业学生同普通班相比，认知结构存在较大差

① 本文作者为黄莹莹，原载于《教育教学论坛》2018 年第 20 期。

异。学生在学习中大量接触国外讯息，对留学目的国文化感兴趣。虽然开阔了视野，然而对本国传统文化知识了解相对不足，导致民族感弱化，缺乏文化自信。由于学生可以通过专业学习、外籍教师、留学生、国际交流等途径近距离接触到了国外思潮，如果缺乏辨别能力，就会受其影响，会对马克思主义理论产生怀疑，降低了思政课的实效性。

（四）学习资源与载体多样化带来的挑战

随着网络迅猛发展，微博、微信、QQ等即时通讯软件获得了大学生的青睐，百度等强大的搜索功能、网络公开课等多样化的学习载体为学生提供了前所未有的学习便利。思政课所涉及的国内外政治、经济、文化等学习资源可以轻松地从网络获得，如果课堂教学内容不及时更新，教学案例陈旧，缺乏网络环境的新奇和便利，难免使学生产生枯燥倦怠的心理。

二、不断创新思政课专题化教学的现实路径

思政课是大学生思想政治教育的主课堂和主渠道，是高校巩固马克思主义指导地位，彰显社会主义大学属性的重要表现。要想进一步提高专题教学实效性，需要不断精炼专题教学内容，不断创新专题教学方法，不断改进专题教学环节，将思想教育、知识教育与文化教育三者密切结合。

（一）思想教育、知识教育与文化教育相结合

合作办学的目的是为了学习西方先进的科学技术，培养国际视野和民族特色兼备的中国人。“他们既可是中华优秀文化的传播者，也可是西方价值观的被动接受者”。合作办学的学生由于长时间的外语学习和异国文化情境体验，使得他们对中国传统文化及道德观念的认同感产生不同程度的削减。因此，思政课教师必须在传播马克思主义理论的同时，加大中华优秀文化教育，在知识传授的同时及时占领学生思想阵地，使他们在中西意识形态领域的激烈碰撞中明辨是非、打牢思想防线。使学生充分认识中国历史及传统文化，培养爱国主义和集体主义情操，在跨文化学习中坚定本国文化自信。以“马克思主义基本原理概论”课程为例，不仅讲授马克思主义基本理论，还要从全球化背景下认识社会主义在世界发展的历史进程，中国特色社会主义的历史意义和世界地位。通过中外比较，可以增强学生对人类社会发展规律的认识，自觉抵制拜金主义、享乐主义、个人主义、自由主义等腐朽思想侵蚀，从而提高学生对马克思主义理论自信。

（二）与学生现实需要相结合

思政课不是单纯的马克思主义理论教育，还是提高大学生人文素养的重要课程。合作办学专业学生即将走出国门，面临海外求学的陌生环境。学生迫切需要提高人际交流能力以及持续学习能力。专题教学所追求的“专而精”，就是要与学生的需要相结合，在教学大纲的规定下设计教学环节，帮助学生能够充分适应求学环境，克服自身专业带来的狭隘认识。如“思想道德修养和法律基础”课程，在设计

教学环节时，有意识地增加了所在国法律制度、政治制度相关介绍的教学环节，通过比较鉴别，认识到社会主义民主和资本主义民主的本质区别，引导他们知法、守法、依法办事。“毛泽东思想和中国特色社会主义理论体系概论”课程包含中国特色社会主义建设，政治、经济、文化建设的方方面面，可专门增加所在国政治制度、文化传统的比较教育。例如，在文化专题中增设国内外文化思潮介绍，通过学生演讲辩论、教师答疑、播放视频等环节，让大学生了解留学目的国的社会动态和文化心理，帮助他们正确看待文化的多样性和差异性，培养大学生的人际交往能力，以提高未来海外求学的适应能力。

（三）与学生专业相结合

中外合作办学专业思政课实施大班教学，而且教学内容规范性极强，要体现“因材施教”原则，就必须结合专业特点，分层教学。依据但不拘泥于教学大纲讲授，积极设计适合合作培养学生的思维特点和专业特色的教学环节，并采取灵活多样的方式考核。对于艺术类学生，应该以知识教育为目标，以马克思主义基本原理普及、人文素养丰富为主题。而理工类学生应以思想教育为主，侧重于马克思主义理论逻辑思维、人文情怀的养成。文科类学生应以文化教育为主，促进马克思主义理论自觉的提升，开拓其全球视野和发散思维，努力培养具有爱国精神的国际化人才。在“中国近现代史纲要”课程中，艺术类学生采取视频播放、革命歌曲回顾、演讲、表演、艺术作品展示等方式，让学生结合专业特长创作描述相关历史事件的作品。“马克思主义基本原理”课程中针对理工科学生关注科学技术创新这一特点，采取命题辩论、经典著作阅读等方式让学生在智慧的碰撞中领略哲学的博大精深。还可以借鉴吸收国外教学方法，可以先将专题所涉教材章节的基本知识点和理论观点先明确告知学生，介绍参考书目，选取社会关注具有普遍意义的案例，引导学生在课堂上讨论，充分发挥学生主体作用，帮助学生提高分析问题、解决问题的能力。

（四）与教师研究专长相结合

“教无定法”。专题性教学内容虽然具有一定的规定性，教师要在教学过程中有一定的深度和适度的发挥。思政课涵盖了马克思主义理论、经济学、政治学、史学多个学科，教学内容综合性强，要求教师要有广泛的知识储备。同时，思政课教师要结合自己的研究领域，利用科研推进教学的深入。在自己有建树的领域引导学生进行更深入的思考，以自己的学术素养影响学生，激发学生的研究兴趣，为学生日后的深造打下良好的基础。教师自身的专业知识、理论修养、人生阅历和社会经验都可以为学生提供宝贵的经验。另外，加强师德修养，以自己的人格魅力征服学生，不断提高教学技能，以教学的艺术感染学生。

中外合作办学背景下德语教学模式探究[①]

一、前言

(一) 中德合作德语教学背景

合肥学院在对德合作方面有悠久的历史,经过近30年的探索发展,学院的对德合作已经初具规模。合肥学院有3个对德合作项目,分别是:“3+1”(DHH)、“2+3”和物流管理专业(LOGinCHINA)。如何能够制定合理的语言培养方案,使学生能在有限的时间内通过德语考试并获得出国学习的德语语言能力,这不仅是目前所有对德合作项目研究探索的难题,也是打破对德合作规模瓶颈的关键。

(二) 教学目标

教师们根据3个对德合作项目的不同特点,分别制定出项目的语言培养方案:“3+1”项目要在3年内通过德福考试达12分后,随德方合作院校要求提高到14分;“2+3”项目在两年后通过德方组织的德语水平考试,通过后才能去德国继续学习;中德物流项目要在毕业之前Telc B2考试达到72分或者德福考试达到15分,才能拿到奥斯纳布吕克应用科学大学的毕业证书。

(三) 教学特色

1. 突破讲授型单一课程设计方法,增强学生实践培养,使得知识传授与实践能力培养结合:将德企的工作要求和实际团队协作环节直接嵌入课程教学,采取课程示范、学生模拟演练的形式,如根据德国教授专业课《市场营销》中,广告这一环节结合德语课文中广告的这一主题让学生分小组,用视频拍出一段创意广告,要求全程用德语,这样的方案设计,极大地调动了学生学习德语的积极性,也能有效地巩固语言课程教学效果。

2. 突破单一课堂语言教学方法,实现专业知识的讲授和德语知识相结合:根据各个项目的专业开设相对应的德语课程,如对德合作专业课程“物流管理”课中有着大量的德语专业术语,学生理解比较困难。针对这一难题,语言教学采取了平时的语言教学和专业词汇的渗透相结合的模式。同时引导学生阅读一些入门级别的简单的专业书籍,开拓学生德语学习思维,提高阅读能力,也为之后留德学习做好准备。

3. 突破传统的外语教学模式,将自主学习能力的培养和创新意识培养相结合。如德方合作院校聘请了从德国来的学生志愿者,辅助晚自习,带领学生做报

---

① 本文作者为黄新伟,原载于《佳木斯职业学院学报》2017年第12期。

告，播放德国电影，介绍德国文化，组织德式圣诞晚会，并承办德语话剧表演，在合肥学院为中德项目的学生力创德语自主学习文化氛围，大大激发了学生学习德语的积极性。

二、语言模块的具体措施

（一）中德教师合作教学，各分一半的教学模式

作为安徽省对德合作的典型代表，合肥学院在多年的教学中已经形成了一支较为完善的师资队伍。每个德语班教学都由中教和外教共同承担，分工明确。中教德语课的侧重点在于语法、词汇和写作，而外教的侧重点在于听力、词汇和口语。使学生既能在中教的教授下快速接受德语这门新的语言并完成德语语法、词汇的学习，具备德语听说读写的能力，又能在外教的教授下掌握地道的德语，了解德国的文化、生活和学习情况，熟练自如地运用德语交流沟通学习。

（二）注重口语交际能力的培养，重视听力能力和口语能力的培养

重视交际型德语教学，在课程设计中加入了听力和口语自主教学训练，配合中外教师所讲授主题跟学生练习情境对话，排练话剧，组织圣诞节庆祝活动等。这些活动极大提高了学生口语交际积极性。

（三）适应当前国际教育发展趋势，推行小班化教学

小班化教学顺应目前外语教学改革，学部各班人数只有 20 人左右，小班教育具有人数少、空间大、设备优的特点，这为师生交际提供了更多的机会，为学生活动提供了更大的空间。

（四）与德国模式接轨

以德国高校的 Sprechstunde（接待时间）模式为基础，建立教研室为学生答疑制度（参照德国高校 Sprechstunde 模式，实行德语教研室老师工作日轮流值班给学生答疑解惑的制度）。此项举措是深化教学改革的重要细节，也是加强师生交流、及时解答疑惑的有力措施。

（五）融入跨文化教学，语言技能教学与文化背景知识教育相结合

在学生有限的德语课时内开设更加丰富、更加有针对性的德语课程，提高学生的语言应用能力。如德方专门从德国聘请教授过来给学生开设为期两周的跨文化课程，同时学校为引导学生在课外加强自己跨文化交际能力的培养，开设了德语协会。德语协会仿照德国模式组织自己的啤酒节以及圣诞节等活动，这些活动让学生有机会直接或间接与德国人接触与沟通，了解中德文化差异，为去德国学习做好准备。

三、具体成效

从三个项目中总体情况来看，大部分专业学生通过人数呈逐年上升趋势，并且取得高分的考生逐年增加，所以在新的培养方案的实行下，通过率有了大幅度提

高。除此之外，学生积极参与到创新活动中，如积极参与到德语协会中，组织合肥学院德语角以及啤酒节等活动，宣传德国的文化。中德项目的学生积极参与合肥学院外语系举办的德语书法和德语朗诵大赛等。

从国内应用型高校中德合作的改革趋势以及合肥学院历年的招生情况看，“德语＋专业”一直是招生热点，深受考生欢迎，具有良好的发展前景。因此该教学模式一方面将直接用于指导规范合肥学院对德合作专业的语言教学，同时对德合作的高校都有很好的借鉴意义。

四、中德物流项目德语教学的探讨

合肥学院在2011年与德国奥斯纳布吕克应用科学大学签订了联合培养本科生的协议，联合培养的学生前两年在合肥学院进行基础阶段的专业学习，并进行德语强化培训，通过Test-Daf语言考试后，可以申请去德国继续为期半年的专业课学习，并在国内完成实习和毕业论文设计。由于合肥学院学生在入学时没有德语知识，而到德国后将直接开始专业学习，所以要求学生在国内不仅要掌握扎实的德语基础知识，而且要具备较高的德语运用能力。试图从该项目的特点出发，探讨和分析“中德物流”联合培养项目中德语的课堂教学方法。

（一）教学对象的特点及教学目标分析

一定的教学对象和目标不仅决定着教学的层次和水平，而且决定其性质和方向，所以，在制订教学计划和明确教学方法前必须对教学对象的特点和教学目标进行客观的分析。首先，教学对象为一年级大学生，具备一定的英语知识，掌握了一定的英语学习方法。进入大学后，他们选择德语作为第一外语。其次，他们学习德语的目标比较明确：他们必须在第二学年通过德福考试并且要达到15分。相比于以往的英语考试，德福考试更注重考查学生的实际运用能力。另外，通过考试的学生马上面临的是在德国的留学生活和专业课学习。所以在中德物流项目中，德语教学的主要目的是培养和提高学生的语言运用能力。通过以上对项目本身和德语教学对象、目标的分析，根据有的放矢的原则，可以在课堂教学上采取相应的教学方法，以提高教学效果。

（二）课堂教学方法分析

1. 对比法

“对比”是短期外语强化教学中提高“优化率”的一种特别有效的方法。任何语言都有其特点，但也有共同点。在外语教学中不难发现，目的语中和母语相似的语法点较易被学习者掌握，而不同点则不易被掌握。当母语或已经学过的外语与正在学习的外语比较相近时，可以借助迁移的正向作用，加快学习进度。中德物流项目中选拔出来的学生一般具有良好的英语基础并掌握了一定的学习外语的方法，因此，可充分利用学生的英语知识，采用对比教学法，提高学生学习的效率。如在讲解德语的可分动词时，可以借助英语的动词短语，可分前缀即是短语的介词。如

aufstehen-get up，aufkommen-come up 等，又如，在讲解“spannend”和“gespannt”两词的区别时，可以很简单地跟学生解释其区别如同英文“interesting”和“interested”的区别。

2. 采用多种教学形式提高教学效果

中德物流项目的德语教学不能仅仅局限语言知识的传授，而是全面培养学生听说读写的综合能力，并且有意识地增加德语国家的文化和国情方面的知识，提高学生的跨文化交际能力。课堂教学手段呈现多样化，教师与学生间的互动更加频繁，视听口语的课程内容占据了更大的比例，语法讲解不再是重点。不仅如此，课后布置任务也应脱离以前死记硬背的套路，而具有更多的趣味性和互动性，例如，采取朗读、游戏竞赛、报告演讲辩论、小组讨论、情景设置与角色扮演等方式，在轻松自由的氛围里，学生的语言实际运用能力得到快速提升。

3. 双语教学

在外语课堂上坚持用目的语教学，可以把外语教学系统中的主体(学生)、客体(目的语)和环境三要素维系起来。教师和学生在课堂上使用目的语正好构成了最基本的语言环境，学生在用外语表达自己的思想或理解别人用外语表达的思想时，所遇到的困难虽然体现在语言上，但实质上，在相当大程度上是由于学生用外语思维时逻辑上的困难引起的。双语教学有助于加强学生用外语思维的语言逻辑组织能力，帮助学生形成直接用外语思考的良好习惯。另外，课堂上浓厚的用目的语交流的气氛有助于提高学生学习外语的积极性。还可以进一步提供学生用目的语进行交流的机会，使课堂教学真正成为交互过程。但是，目的语教学并不完全排斥用母语，比如对于零基础的学习德语学生在德语的初级阶段，用母语讲解语法，使学生能更快地理解并掌握德语这一新的外语的组织技巧和构成特点，目的语和母语配合讲解能够在短期强化教学中提高项目教学学习效率。

4. 专业知识和语言知识的有机结合

专业用语是实现某一特定专业领域的交际功能的语言子系统，它有着普通语言体系的共同点，但专业外语本身较通用外语在词汇、常用句型、语言风格等方面，更具特殊性和专业性。学习德语的主要目的是为了在以后的专业知识和实践中应用和交流，因此，中德物流项目的德语教学应将教学重点放在实际的语言使用上，应区别于日耳曼语言学的教学，避开过于复杂的深层的语法语言知识讲解，强调专业用语中出现频率较高的语法现象，尽可能缩小词汇范畴，力求在两年短暂的语言教学过程中使学生掌握基本的听说读写能力，以便在今后专业的学习道路上学以致用。例如，中德物流行业是中国目前飞速发展的新兴领域，语言知识和专业词汇，句法结构有自己的特点。所以教师应当根据中德物流项目的专业特点，总结其专业用语的语言特征，例如，高频词汇、常用句型、表达习惯，等等，在课程初期就将这些语言知识融入到前期的教学中去，以便学生可以尽快提高在一般的专业情景中使用语言的技能，增加学习的兴趣和动力，同时可以为以后到德国进行专业课学习做好准备。

通过几个学期的实践,以上提到的几点对中德物流项目的德语教学质量提高起到了显著的作用,灵活运用多种教学方法,大幅度提高学生学习的主动性与能动性,使德语的实际运用能力得到显著提高。

从篇章语言学角度对德语高年级写作的实证研究——以中德物流项目德语教学为例①

一、语篇标准

篇章语言学是一门年轻的学科,它的研究对象是语篇。语篇一词在语言学中指任何一个长度的、语义完整的口语或书面语段落。语篇的形式是多种多样的,包括口头语言和笔头语言,是语言符号的集合。

Brinker 认为,篇章语言学研究篇章内在的逻辑关联和它们的联系规律,Kohösion(衔接)和 Kohärenz(连贯)是语篇特征的重要内容。Kohösion(衔接)是语篇的重要特征,体现在表层结构上,是一种跨句关系(Satzgreifende Relation)。它被视作在语篇的语言成分之间,通过词汇和语法手段构建的语法关系,同时它是深层结构中语义连贯的基础。Kohärenz(连贯)广义上被视为连接句子成为语篇的超句关系,既包括语法,也包括语义关系。因此篇章语言学认为,一个语篇应该是一个由表层结构和深层结构组成的信息连续体。20 世纪 80 年代初,Beaugrande & Dressler 提出了语篇性的 7 个标准,即衔接、连贯、意图性、可接受性、信息性、情景性和互文性。

语篇交际的构成原则就是这 7 个标准,德福作文中要求根据图表进行表述以及表达自己的观点,是图文结合的语篇写作。德福作文也属于语篇的一种。

表 7.3 德福作文中的评定标准

TND5	1. 全文流畅 2. 思路通顺 3. 结构清晰
TND4	1. 文章个别地方不够流畅 2. 虽然个别地方作者的思路需要细想一下才明白,但思路总体通顺 3. 文章总体结构完整

① 本文作者为黄新伟,原载于《课程教育研究(新教师教学)》2015 年第 29 期。

续表

TND3	1. 文章某些地方需要反复阅读几遍才可以理解 2. 读者如能从作者角度出发,推敲后可以理解他的思路 3. 文章结构不完整,有欠缺或不连贯
Unter TND3	1. 文章不流畅 2. 作者思路难以理解或思路不连贯 3. 文章结构混乱

德福作文的阅卷要求包括以下几个方面:内容切题;表达思想清楚,条理清晰;文字连贯;文章结构严谨;语法正确,语言通顺恰当。可以看到,在德福作文要求的几个方面中,其中大部分都是关于语篇层面的,涉及篇章语言学理论中的衔接、连贯、意图性和信息性。本文拟对中德合作办项目中德语作为必修课的学生的作文进行篇章语言学视角下的语篇性研究,重点研究的问题是:第一,从篇章语言学角度对学生的德语作文进行分析;第二,错误类型涵盖了哪些方面。

二、研究方法设计

研究对象:参加该项研究的学生是合肥学院中德物流管理专业本科三年级3个班的学生,共60人。

研究方法:让受试学生在规定时间内完成一篇作文,时间限制为60分钟,字数为400～500字。提供给学生两个作文题目:"Finanzierung des Studiums"(大学期间是否应该打工)和"Fremdsprachenkenntnisse"(学生是否有必要掌握外语技能),受试者任选其一。

研究实施:让学生在规定时间内完成作文,然后评阅受试学生作文。对受试作文进行批阅的研究者共4位,其中3位是合肥学院德福教学德语中教,还有1位是德语外教。

三、研究结果与分析

本次研究作文有60篇,进行1～60编号。发现有55篇文章都存在不同程度的错误,共95处。根据错误出现的层面,首先把错误大致分为两类:语篇层面错误和非语篇层面错误。此次研究的重点是语篇错误,根据语篇性的标准,对其进行归纳与分类。关于错误类型与数量,分别如图7.4和表7.4所示。

表 7.4　语篇层面的错误类型

错误类型	错误分类	数量
句子与句子间的连贯性	句子间错用衔接词	18
	句子间缺失必要的衔接	7
	句子间的意义缺少连贯性	10
段落间以及段落内容的连贯性	段落间的衔接词误用	9
	段落间的内容缺少连贯性	6
	段落中的内容缺少连贯性	4
	段落缺少主题	5
文章宏观的结构	文章缺少主题	5
	文章主题表述不清	6
	结尾主题缺失	3

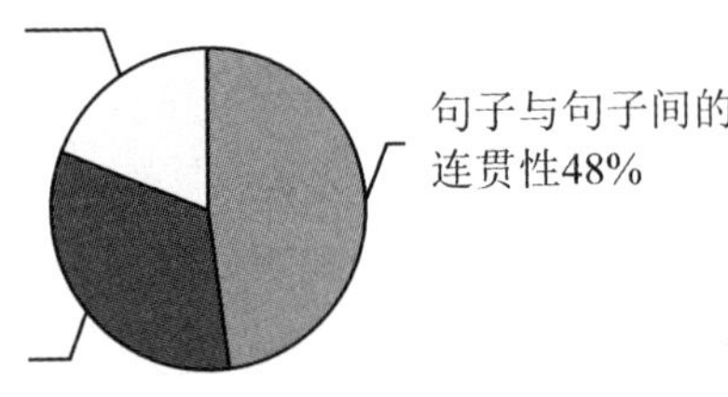

图 7.4　语篇层面的错误类型

(一) 句子与句子间的连贯性

语篇的前后连贯，首先应体现在语篇的表层结构上。语篇构成成分之间通过原因、地点、对立等关系建立起来的联系(Verkettung)通常被理解为一种特殊的衔接，是确保语篇语法衔接、语义连贯的重要句法手段。

1. 句子间错用衔接词

18 处错误为句子间误用衔接词(语法的或词汇的)。如在 8 号中，die Mehrzahl wird von den Eltern gefödert, während ein Teil der Studierenden durch Jobben selbst Geld verdient.(大部分人由父母资助，然而一部分人自己打工赚钱)这是语法衔接词误用，这里的 die Mehrzahl 指代不明，容易产生歧义，应该把后面第二个名词补充完整。

2. 句子间缺失必要的衔接

7 处错误为句子间缺失必要的衔接。如在 9 号中，auf der anderen Seite findet man die Arbeit neben dem Studium unnoetig (另一方面人们认为大学期间打工没有必要)前面没有出现过“auf einer Seite(一方面)”这个句子(auf einer Seite, auf

der anderen Seite 一方面，另一方面），在重要的语境转化处缺少上下文衔接的内容。

3. 句子间的意义缺少连贯性

10 处错误为句子间的意义不连贯。如在 19 号中，In China das ist egal wie in der Europäischen Union. 前面提到了欧盟的外语教学情况，现在介绍中国的情况，但是中国的情况不同于欧盟的情况，应该加一个转折词，改为 Aber in China ist die Situation ganz anders als die in der Europäischen Union。原意是中欧两地外语教学情况的对比，这里省略 die Situation 容易造成读者对文章内容的误解。

（二）段落间以及段落内容的连贯性

文章各个段落之间需要过渡，良好的过渡使各个段落相互照应，自然衔接。

1. 段落间的衔接词误用

9 处错误显示使用了错误的衔接词，导致文章内容不连贯。如在 20 号中，第三段是介绍欧盟外语的情况，第四段开头用了衔接词“so”（因此）“so zusammenfassend kann man sagen，dass wir die Fremdsprachkenntnisse lernen müssen.”（因此，总结来说我们要学习外语）。这两段之间并没有因果关系，使用“so”为衔接词的误用。

2. 段落间的内容缺少连贯性

6 处错误为段落间的内容缺少过渡，使得段落内容不连贯。如在 12 号中，文章第二部分描述图表时应该有过渡句，“die Grafik zeigt…（图表展开了…）”，但前后都没有任何衔接两段的衔接词。应该适当加一句“Bevor man die Frage beantwortet，ist zurest die vorliegende Grafik zu veranschaulichen.（在回答这个问题之前，先看一下图表描述的相关情况）”，在这里“bevor zurest…”等衔接词会使段落间内容更连贯。

3. 段落中的内容缺少连贯性

4 处错误为段落中的内容不连贯。如 17 号中，Wenn wir die Fremdsprachenkenntnisse gut ergreifen，können wir mit Ausländern sprechen und kommunizieren. Deswegen müssen wir die Fremdsprachen erlernen. Noch kommt dazu，dass es nützlich für unsere Arbeit ist，wenn wir mit Ausländern zusammenarbeiten können（如果我们掌握了一门外语，可以和外国人沟通。所以我们必须要掌握一门外语。另外学习外语对我们的工作是非常有益的）。第 1 句和第 3 句话说的是学习外语的优点，应该作为论据放在前面，“所以说掌握一门外语是非常有意义的”应该作为观点，放到段落末尾。而该学生却将观点放在了前面，后面又加了一个论据，这样句子的层次不分明，导致了段落中内容不连贯。

4. 段落缺少主题

5 处错误为段落缺少主题。如在 36 号中，Mit der wachsenden Grobalisierung gibt es mehre Menschen nicht nur ein Fremdsprachen ergreifen. Die Grafik zeigt…

(随着全球化的发展,越来越多的人学习外语…),作文的第一段应该介绍文章主题的背景,笔者只是描述了一下"随着全球化的发展,越来越多的人学习外语"这一现象,还没有提出讨论的主题是什么,就开始图表描述了,所以此段缺少主题。

(三) 文章宏观结构方面的错误

德福作文的篇章结构一般由开篇提出主题、图表描述、论证和结尾 4 个部分构成,其中论证为重中之重。文中的主题与文章要表达的观点密切相关。文章宏观结构方面的错误会影响语篇的意图性。语篇通常都有一个主题,语篇和主题相互制约,主题是语篇的内在特征,没有主题就不能构成语篇。

1. 文章缺少主题

5 处错误为文章缺少主题。如在 29 号作文中,主题观点不明确。从最初概括题目中的观点起,作者就一直没有说清楚文章讨论的主题是什么,如"打工会占用时间,导致延长学业"等,也只是支撑观点的论据,本身并不是观点,在这里,没有正确地概括题目中的观点,所以文章缺少主题。

2. 文章主题表述不清

6 处错误为文章主题阐述不充分。如在 9 号作文中,主题是"打工是没有必要的""Ich schliesse mich der ersten Ansicht an, mein erstes Argument lautet, dass es nicht so leicht ist, zurzeit eine Arbeit zu finde, insbesonderse vor dem Hintergr-und von Konkurrenzen."读完第一个论据(工作机会难找)以后,我们大体上确定作者的立场是"反对打工",但作者突然以一个明确表态的姿势写了:"Ich teile auch die Meinung ,dass Berufserfahrung gewonnen werden koennte."(我也认为,打工可以积累相关职业经验),且不论"积累经验"是论据还是可以构成观点,单是这种思维的跳跃和立场上的摇摆就可能让论证陷入方向不明的混乱当中,文章主题阐述不充分。

3. 结尾主题缺失

3 处错误为没有结尾。例如,40 号作文的题目是"Fremdsprachenkenntnisse"(学生是否有必要掌握外语技能),最后一段论述总结自己的观点"学习外语还是非常有必要的",最后一句话是"also muss die Studirenden die Fremdsprache lernen"(也就是说学生必须要学习外语),文章在没有阐述在中国学外语的情况就匆匆结尾了,所以文章不完整,造成结尾主题缺失。

四、结论

大学生德语作文中不只存在一定量非语篇性的词汇和语法错误,也存在语篇层面的错误,后者所占的比重很大,极大影响了德福作文的得分。本文先对语篇层面的错误进行归纳和分类,再用篇章语言学来分析学生所写的德福作文,这种方法对于德福作文培训具有一定的指导意义。

影响中德合作办学学生跨文化适应要素研究[①]

随着高等教育国际化的进一步发展，中外高校联合办学的模式也越来越多，高校“双校园”办学模式是目前中外合作办学项目中的常见形式。所谓“双校园”指的是：学生在完成国内阶段的学习，通过国外合作院校的选拔考试后，到国外合作院校继续下一阶段的学习。

带着父母的期望，带着对美好未来的憧憬，中外合作办学学生来到了异国他乡。待一切安定下来之后，学生们面临着语言关、学业压力、与异国同学的相处等诸多现实的挑战。学生们在新的文化环境下如何调整自己去适应当地文化？在中国传统文化和异国文化两种价值观发生冲突的时候，如何处理？他们所采取的应对策略在很大程度上影响着他们在异国学习和生活的状况乃至身心健康。

笔者以安徽一所与德国合作多年的高校作为研究对象，设计了多项调查问卷，拟从人口统计学因素、社会支持、涵化策略等方面对该校留德学生在德学习、生活、心理适应和社会文化适应等方面的状况进行考察，分析中德合作办学学生的跨文化适应整体状况及其影响因素。

一、理论依据

(一) 涵化理论

涵化(acculturation)，主要指跨文化适应的过程。加拿大心理学家 Berry 根据涵化中的个体对自己原来所在群体和现在与之相处的新群体的态度来对涵化策略进行区分，他提出两个维度，即保持传统文化和身份的倾向性以及和其他文化群体交流的倾向性。根据这两个维度，他提出了四种涵化策略：第一，整合策略：看重自己原有文化，同时重视群体关系的个人；第二，同化策略：强调保持群体关系而不重视原有文化；第三，分离策略：强调本原文化而不重视群体关系；第四，边缘策略：既不重视本原文化，又不看重群体关系的个人。

(二) 跨文化适应理论

Ward 及其同事认为，跨文化适应可以划分为两个维度：心理适应和社会文化适应。心理适应是以情感反应为基础，指向在跨文化接触中的心理健康和生活满意度，在跨文化接触的过程中，如果没有或较少产生抑郁、焦虑、孤独、失望、想家等负面情绪，就算达到了心理适应。社会文化适应是指适应当地社会文化环境的能力，是否能与当地人有效接触。

① 本文作者为侯继红，原载于《合肥学院学报(综合版)》2017 年第 34 卷第 3 期。

二、研究设计

（二）受试者

受试者来自安徽某高校中德合作院校攻读学士和硕士学位的学生，男生15人，占总样本比例的28.85%，女生37人，占总样本比例的71.15%。年龄在20～25岁的有44人，26～30岁的有8人。所学专业涉及文理工科的有14个。留学时间在1～6个月的有13人，7～12个月的有3人，13～24个月的有8人，24个月以上的有28人。目前在德国就读本科的有34人，占总样本比例的为65.38%，硕士为18人，占总样本比例的34.62%。有1～3名当地朋友的有20人，有4～6名当地朋友的有15人，拥有7名以上当地朋友的有14人，没有当地朋友的有3人，见表7.5。

表7.5　受试学生基本信息统计

项目		人数	百分比(%)
性别	男	15	28.85
	女	37	71.15
年龄	20～25岁	44	84.61
	26～30岁	8	15.39
留学时长	1～6个月	13	25
	7～12个月	3	5.77
	13～24个月	8	15.38
	24个月以上	28	53.85
攻读学位	本科	34	65.38
	硕士	18	34.62
当地朋友数	0	3	5.77
	1～3位	20	38.46
	4～6位	15	28.85
	7位以上	14	26.92

（二）数据来源

本研究所获数据来源于调查问卷。问卷设计多采用李克特量表，通过对中外合作办学学生跨文化适应的构成要素和影响跨文化适应的内外部因素的分析，旨在了解学生在德国的适应状况及其特点。调查数据在社会学统计软件SPSS上进行了录入及相关处理，主要进行了信度分析、相关分析和方差检验。

（三）研究问题

(1) 留德时间长短和不同数量的异国朋友对学生的跨文化适应是否存在显著

影响？

（2）留德学生整体心理适应和社会文化适应状况如何？两者有无相关性？

（3）留德学生所获得的社会支持与其涵化态度对其跨文化适应有无影响？

三、数据分析

（一）留学时长与跨文化适应的关系分析

表 7.6 数据显示，留德不足半年的学生得分最高，说明他们的心理适应和社会文化适应状况最差；留德时段在半年与一年之间的学生心理和社会文化适应得分均明显下降，这意味着他们的心理压力有所缓解，社会文化适应困难度降低；而留德时间在 1～2 年之间的学生在社会文化适应方面的得分较第二时段又有所提高，说明留学两年以内的学生的社会文化适应问题比一年以内的增多；留德两年以上的学生得分趋于稳定，但较之前两个时间段得分略有上升。总之，随着时间的推移，留德学生的心理压力逐渐减小，社会文化环境趋于适应，跨文化适应趋于稳定。

表 7.7 显示跨文化适应在不同留学时长的单因素方差分析结果。如表 7.7 所示，心理适应在不同留学时长上不存在差异，而社会文化适应在不同留学时长存在差异（$p<0.05$）。

表 7.6　受试学生基本信息统计

	1～6 个月		7～12 个月		13～24 个月		24 个月以上	
	M	*SD*	*M*	*SD*	*M*	*SD*	*M*	*SD*
心理适应	1.86	0.59	1.58	0.49	1.57	0.45	1.73	0.49
社会文化适应	2.21	0.55	1.53	0.55	1.82	0.60	1.71	0.45

注：M＝平均值，SD＝标准差，下同。

表 7.7　跨文化适应在不同留学时长的单因素方差分析

		SS	*df*	*MS*	*F*	*p*
心理适应	组间	193.857	3	64.619	1.359	0.267
	组内	2282.663	48	47.555		
	总数	2476.520	51			
社会文化适应	组间	2133.549	3	711.183	2.928	0.043
	组内	11659.143	48	242.899		
	总数	13792.692	51			

（二）当地朋友数量差异与跨文化适应的关系比较

表 7.8 是跨文化适应在不同当地朋友数量上得分的描述性分析。分析显示，

不论是在心理适应上，还是在社会文化适应上，拥有当地朋友数量越多的学生得分越低，反之，当地朋友数量越少的，得分越高。

表 7.8 跨文化适应在不同当地朋友数量上得分的描述性分析

	1～3 位		4～6 位		7 位以上	
	M	*SD*	*M*	*SD*	*M*	*SD*
心理适应	1.85	0.39	1.75	0.31	1.54	0.26
社会文化适应	2.1	0.49	1.73	0.61	1.43	0.24

方差分析结果(表 7.9)显示，拥有不同数量的当地朋友的留学生在心理适应得分[F(3,185)＝3.525，p＝0.038]上以及在社会文化适应得分〔F(3,185)＝8.575，p＝0.001〕上均存在显著性差异；事后检验表明(表 7.10)，无论在心理适应方面，还是在社会文化适应方面，拥有 1～3 位当地朋友和拥有 7 位以上当地朋友组间均存在显著性差异。

表 7.9 跨文化适应在当地朋友数量差异上的方差检验

		df	*MS*	*F*	*p*
心理适应	组间	2	159.883	3.525	0.038
	组内	46	45.362		
社会文化适应	组间	2	1624.371	8.575	0.001
	组内	46	189.428		

表 7.10 跨文化适应在当地朋友数量差异上的多重比较

因变量	(I)朋友分组	(J)朋友分组	均值差(I－J)	标准误	显著性	95%置信区间	
						下限	上限
心理适应	2	3	1.929	2.324	0.710	－3.95	7.81
		4	6.143*	2.324	0.039	0.26	12.02
	3	2	－1.929	2.324	0.710	－7.81	3.95
		4	4.214	2.546	0.264	－2.23	10.65
	4	2	－6.143*	2.324	0.039	－12.02	－0.26
		3	－4.214	2.546	0.264	－10.65	2.23

续表

因变量	(I)朋友分组	(J)朋友分组	均值差(I－J)	标准误	显著性	95％置信区间	
						下限	上限
社会适应	2	3	10.690	4.749	0.090	－1.32	22.70
		4	19.405*	4.749	0.001	7.39	31.42
	3	2	－10.690	4.749	0.090	－22.70	1.32
		4	8.714	5.202	0.256	－4.45	21.87
	4	2	－19.405*	4.749	0.001	－31.42	－7.39
		3	－8.714	5.202	0.256	－21.87	4.45

* 均值差的显著水平为0.05；2代表1～3名当地朋友；3代表4～6名当地朋友；4代表7名以上当地朋友。

(三) 心理适应状况分析

表7.11是考查受试学生心理适应状况($M=43.32$，$SD=8.70$，$n=52$)。采用抑郁自评量表，涵盖情感、生理和认知三方面的抑郁因素。研究表明，参加调查的大部分学生没有承受过多的心理压力，心理适应状况良好。

表7.11　抑郁自评量表受试得分情况

量表得分	人数	百分比(％)
＜50(正常)	40	76.9
50～59(轻度抑郁)	11	21.2
60～69(中度抑郁)	1	1.9
＞＝70(重度抑郁)	0	0

(四) 社会文化适应情况分析

表7.12是考察学生社会文化适应情况，量表得分越高，表示社会文化适应困难越大；量表得分越低，表示社会文化适应困难越小。受试学生除在“理解德国人的幽默”“了解德国的政治体制”等人际交往和价值观问题上存在困难以外，还对诸如“撰写合乎要求的学术论文与报告”等学业问题上存在困难。

表7.12　受试学生社会文化适应困难得分较高的项目

序号	题项	内容	*M*	*SD*
1	5	理解德国人的幽默	2.90	1.142
2	27	了解德国的政治体制	2.65	1.186
3	12	撰写合乎要求的学术论文与报告	2.63	1.155

(五) 心理适应与社会文化适应的关系分析

相关分析(表7.13)结果表明，大多数留德学生所承受的心理压力和社会文化适应困难不大，他们的心理适应与社会文化适应之间存在显著正相关（r=0.416**，p=0.002）。

表 7.13 心理适应与社会文化适应的关系

心理适应		社会文化适应		r	p
M	SD	M	SD		
1.73	0.48	1.84	0.43	0.416**	0.002

（六）社会支持度与跨文化适应的关系分析

笔者将来自家人、中外朋友和学校的支持视为社会支持，对受试学生的社会支持状况与其跨文化适应相关性进行了考察。社会支持总均分为 2.80（$SD=0.23$），高于 4 点评分量表的中值点。其中，家人支持得分最高（$M=3.14$，$SD=0.70$），其次是学校工作人员的支持（$M=2.72$，$SD=0.24$），然后是中国朋友的支持（$M=2.69$，$SD=0.57$），得分最低的是外国朋友的支持（$M=2.64$，$SD=0.43$）。这说明留德学生所获得的最主要的社会支持来自家人和留学院校。相关分析结果表明，社会支持度与留学生的心理适应和社会文化适应有显著相关性（$r=0.605^{**}$，$p<0.01$；$r=0.727^{**}$，$p<0.01$）。即留学生获得的社会支持度越高，心理适应和社会文化适应越好。

（七）涵化态度与跨文化适应的关系分析

对受试学生的涵化态度（整合、分离、同化和边缘）与其跨文化适应的关系研究表明：受试学生的整合态度倾向最强（$M=4.16$，$SD=0.52$），其次是分离态度倾向（$M=2.07$，$SD=0.34$），边缘态度倾向（$M=1.90$，$SD=0.42$），受试学生的同化态度倾向最弱（$M=1.85$，$SD=0.38$）。

相关分析结果（表 7.14）显示，心理适应和社会文化适应均与整合态度有负相关，与分离、同化和边缘态度有正相关，但均未达到统计显著性。由此说明，除了整合，留学生不论采取哪种涵化态度，都不影响其心理适应和社会文化适应状况。

表 7.14 涵化态度与跨文化适应的相关分析

边缘	整合	分离	同化	边缘
心理适应	−0.228	0.020	0.238	0.247
社会文化适应	−0.132	0.106	0.150	0.096

四、研究结果和讨论

（一）留德时间长短和异国朋友的数量对学生的跨文化适应存在显著影响

研究结果表明，留学时长和当地朋友数量对留学生的心理适应和社会文化适应具有显著影响。留学初期，学生在合作院校工作人员的帮助下，虽然能够短时间内办好在德留学的必要手续，参观了新的校园和生活环境，但是心理上还不能适应新的学习环境和学习方法。国内大学的管理模式以及中国传统的家庭教育让学生对老师、辅导员、班主任以及父母有依赖，自我管理、自主学习、生活自理能力较弱；而国外自由开放的学习模式、不一样的饮食习惯使初来乍到的中国留学生一时不知所措，加上语言交流的不畅，促使他们心理压力增大，难以适应当地学习生活环境。

学习走入正轨后，留德学生的心理趋于稳定，他们开始与当地人接触和交往，但是这种交往以及对当地人的了解还停留在表面，因此，在留学的第二阶段，他们感觉已经基本适应了当地的环境；随着语言水平的提高、与当地人交往的深入，学生们会发现与中国传统文化完全不同的另一种西方文化价值观的存在。两种价值观的冲突，是坚持中国传统文化，还是接受当地文化，迫使学生做出取舍。

出国前想多交几个当地朋友，与之建立长期友谊的梦想破灭，由此产生的失望、迷茫等心理落差导致留学生在第三阶段的心理适应和社会文化适应的状况呈现出较明显的反弹。

留学 24 个月以上的学生在心理适应和社会文化适应上的得分趋于稳定。原因有两个：一是留学生的语言水平不再是影响与当地人交往的障碍。通过与当地人的互动，熟悉了当地文化和交往模式，掌握了适宜的跨文化适应策略和沟通技巧，能够有效、得体地处理跨文化冲突。二是留学生通过对当地的语言、文化的深度学习，熟悉并了解了在当地生活所必须遵守的社会规范，由于在前期的跨文化沟通中经历过负面体验，因此对深入了解或接受当地的价值观念失去了兴趣，于是主动选择中断了与当地人进一步的交往，回归中国朋友圈。这样，随着与当地人接触机会的减少，留学生跨文化适应问题也大大降低，他们的适应状况得以好转。从当地朋友数量上看，拥有当地朋友数量越多，留学生的社会文化适应状况越好。俗话说，多个朋友多条路，留学生可以通过与当地朋友的交往，获得有助于顺利完成学业的信息资源和实在的帮助，赢得当地人对中国文化的理解和包容。因此，当地朋友多的留学生遇到的适应困难相对较少，从而能够更好地适应当地的社会文化环境。

(二) 留德学生整体心理适应和社会文化适应状况存在相关性

研究结果表明，留学生的心理适应与社会文化适应存在显著正相关性。留学生整体心理适应状况良好，这可能是由于合作办学学生是成批出国，在国内学习的几年已经相互熟悉，因此在他们面临共同的生活和学习问题时，能够一起商量解决，从而减少了他们个人承受的心理压力。此外，合作院校为学生开设的跨文化课程使学生能够快速习得在德国社会生存所必需的文化知识和基本技能，加上为留学生专门配备的工作人员和合作项目负责人在生活和学习方面的支持和帮助也缓解了学生独自必须面对陌生环境的压力。

留德学生在社会文化适应诸多方面，特别是在人际交往方面有较大的困难。由于留学生在出国前，对德国人际交往原则、规范和模式上的文化差异等知识和技能准备不足，导致他们在德国的人际交往没有达到预期效果。此外，留德学生在国内学习阶段主要将精力集中在德语学习、专业基础知识学习、通过德方选拔考试以及备考德福等方面，忽略了提高跨文化意识的学习，这也可能是造成这种结果的因素之一。

(三) 留德学生所获得的社会支持与其涵化态度对其跨文化适应有显著影响

研究结果表明，社会支持度与留学生的心理适应和社会文化适应有显著相关性($r=0.605^{**}$，$p<0.01$；$r=0.727^{**}$，$p<0.01$)。即留学生获得的社会支持度越高，心理适应和社会文化适应越好。高度发展的互联网保证了学生随时可以与国内家人进行心灵和情感的交流，向他们倾诉自己的苦恼，寻求精神上的安慰。国内家人的情感支持和经济支持与留学生身边同学、老师、朋友给予的情感、信息、技能和物质等多方面的支持构成良好的社会支持网络，能够帮助留学生克服心理压力，调整自我，安心学习，适应新的文化环境。在留学生的涵化态度上，整合倾向最强，其次是分离、边缘、同化。相关分析结果显示，心理适应和社会文化适应均与整合有负相关，与分离、边缘和同化有正相关，但均未达到统计显著性。这一研究结果表明：留学生除了整合，其他三种涵化策略对其心理适应和社会文化适应状况影响不大。

根据 Berry 的涵化理论，笔者认为，整合倾向较强的留学生，他们既重视中国的传统文化，同时又以开放的心态，接纳德国的主流文化，积极与之群体互动交流，并且善于化解跨文化背景下的各种冲突，从而实现良好的跨文化适应。而分离态度倾向较强的留学生认为，中国文化所代表的价值观是衡量一切文化的标准，他们身在异乡，但回避与当地文化群体的任何接触和交往，从而失去了了解当地文化、获得跨文化技能学习的时机，导致跨文化适应障碍。而边缘态度倾向很强的留学生既不认可中国文化，也不尝试去了解德国文化，跨文化知识缺乏，适应状况较差。同化态度倾向明显的留学生主观上认为，彻底放弃中国文化，积极主动与德国主流文化的群体交往，就能够很好地融入德国人的社交圈子。可惜由于生长的环境不同，受教育的经历不同，对德国历史文化背景知识的不了解，导致他们与当地人建立长期友谊的尝试屡屡受挫，尽管语言很棒。这种失落和沮丧，导致跨文化适应状况差。显然留学生实际的涵化行为影响着他们的跨文化适应状况，应给予重视。

五、结论

综上所述，可以确定留学时长和当地朋友数量对留学生的跨文化适应具有显著影响。留学生的心理适应与社会文化适应存在显著正相关性。留学生整体心理适应状况良好，但是在社会文化适应方面有困难，主要体现在人际交往方面。社会支持度与留学生的跨文化适应有显著相关性。在涵化态度上，留学生除了整合态度，其他三种涵化态度不论采取哪种，对其跨文化适应状况没有明显的影响。

附录　中外合作办学本科项目教学质量调查问卷

——以中德合作物流管理为例

各位同学：

大家好！

很高兴你们抽出时间参加这次调查活动。这次问卷调查将用于关于中外合作办学的量化研究。这次问卷调查完全匿名。为了更好地提升中德物流专业的办学质量，希望大家完整填写问卷。谢谢！

第 1 题　您就读的原因是　　[多选题]

选项	小计	比例
可以接受境外优质教育	39	46.43%
为了出国	25	29.76%
能拿国外文凭或双文凭	43	51.19%
分数的原因，不得已选择	36	42.86%
遵照父母意愿	20	23.81%
对学习外语有兴趣	21	25%
其他：	3	3.57%
本题有效填写人次	84	

第 2 题　我能听懂德语授课的专业课程内容的　　[单选题]

选项	小计	比例
全部	1	1.19%
绝大多数	23	27.38%
一半	27	32.14%
少部分	27	32.14%

续表

选项	小计	比例
几乎听不懂	6	7.14%
本题有效填写人次	84	

第3题　我的沟通能力与入学时相比　［单选题］

选项	小计	比例
有很大提高	19	22.62%
有提高	47	55.95%
没有变化	11	13.1%
有些退步	6	7.14%
退步很大	1	1.19%
本题有效填写人次	84	

第4题　我与外国人的沟通能力与入学时相比　［单选题］

选项	小计	比例
有很大提高	18	21.43%
有提高	47	55.95%
没有变化	14	16.67%
有些退步	4	4.76%
退步很大	1	1.19%
本题有效填写人次	84	

第5题　我对本专业的学习兴趣与入学时相比　［单选题］

选项	小计	比例
有很大提高	8	9.52%
有提高	25	29.76%
没有变化	17	20.24%
有些退步	21	25%
退步很大	13	15.48%
本题有效填写人次	84	

第 6 题　我对毕业后的打算　[单选题]

选项	小计	比例
就业	41	48.81%
依托本项目出国进修	28	33.33%
参加其他项目出国进修	4	4.76%
国内进修	11	13.1%
本题有效填写人次	84	

第 7 题　我对参加中外合作办学项目的学习经历　[单选题]

选项	小计	比例
非常满意	6	7.14%
比较满意	30	35.71%
无所谓	9	10.71%
比较不满意	26	30.95%
非常不满意	13	15.48%
本题有效填写人次	84	

第 8 题　您认为中德物流专业对社会需求的适应性　[单选题]

选项	小计	比例
非常强	4	4.76%
较强	39	46.43%
一般	25	29.76%
差	8	9.52%
很差	8	9.52%
本题有效填写人次	84	

第 9 题　您所就读专业的人才培养目标(培养“应用型、国际化、高层次”现代物流人才)[单选题]

选项	小计	比例
非常合理	8	9.52%
合理	24	28.57%
比较合理	30	35.71%
不合理	10	11.9%

续表

选项	小计	比例
很不合理	12	14.29%
本题有效填写人次	84	

第 10 题 大概估算家庭一共年薪有多少 [单选题]

选项	小计	比例
少于 6 万元	20	23.81%
6～12 万元	28	33.33%
12～30 万元	27	32.14%
30～60 万元	5	5.95%
60～200 万元	4	4.76%
本题有效填写人次	84	

第 11 题 以下原因对你选择中外合作办学项目是否重要 [多选题]

选项	小计	比例
为了有更强的竞争力	46	54.76%
开阔视野和国际接轨	63	75%
以较经济的方式接受外国教育	39	46.43%
便于以后出国深造	25	29.76%
该项目入学分数要求不太高	35	41.67%
本题有效填写人次	84	

第 12 题 你期望从中外合作办学项目中达到哪种教育目的 [多选题]

选项	小计	比例
学到以后能用上的专业知识	60	71.43%
学到自我独立思考分析的能力	54	64.29%
学到外国先进思想与技术	53	63.1%
获得出国机会	44	52.38%
学到科学的研究方法	30	35.71%
本题有效填写人次	84	

第 13 题　你对外教课是什么印象　［多选题］

选项	小计	比例
外教课生动有趣很新鲜	38	45.24%
从外教课上学到了很多外国文化知识	39	46.43%
外教引进了外国先进教学方法	33	39.29%
外教引进了外国先进教学内容	32	38.1%
与外教的交流和讨论很融洽	26	30.95%
其他：	16	19.05%
本题有效填写人次	84	

第 14 题　你认为自己在以下哪些方面取得了明显的进步　［多选题］

选项	小计	比例
专业知识	23	27.38%
沟通能力	43	51.19%
创新能力	15	17.86%
熟练运用外语	29	34.52%
分析解决问题能力	33	39.29%
对外国文化的了解	66	78.57%
本题有效填写人次	84	

第 15 题　学习过程中以下哪项对你最重要　［单选题］

选项	小计	比例
学习成绩好	19	22.62%
学习中乐趣很高	32	38.1%
学习中有新观点、新发现	33	39.29%
本题有效填写人次	84	

第 16 题　你如何评价德语教学？　［多选题］

选项	小计	比例
老师备课很认真	44	52.38%
大部分情况下，教学进度合适	34	40.48%
老师经常和我们互动	31	36.9%
能够满足德国教授专业课的需要	15	17.86%

续表

选项	小计	比例
德语教学效果良好	31	36.9%
德语教学效果不好	23	27.38%
其他：	5	5.95%
本题有效填写人次	84	

第17题　您对教师队伍的评价是　　[多选题]

选项	小计	比例
中外教师比例合适	38	45.24%
队伍稳定性高	23	27.38%
教师年龄结构合理	22	26.19%
教师学历结构合理	30	35.71%
教师师德师风良好	33	39.29%
双语型教师充足	24	28.57%
其他：	11	13.1%
本题有效填写人次	84	

第18题　您认为德方专业教师教学过程中存在哪方面的问题　　[多选题]

选项	小计	比例
教学理念不合适	13	15.48%
教学态度不端正	5	5.95%
教学内容零散	28	33.33%
教学方法和手段不科学	18	21.43%
教学经验不丰富	10	11.9%
教学速度太快	42	50%
教学进度计划混乱	30	35.71%
教学效果不好	33	39.29%
其他：	12	14.29%
本题有效填写人次	84	

第 19 题　您认为中方教师教学过程中存在哪方面的问题　[多选题]

选项	小计	比例
教学理念不合适	11	13.1%
教学态度不端正	8	9.52%
教学内容零散	20	23.81%
教学方法和手段不科学	24	28.57%
教学经验不丰富	15	17.86%
教学速度太快	26	30.95%
教学进度计划混乱	21	25%
教学效果不好	29	34.52%
其他：	7	8.33%
本题有效填写人次	84	

第 20 题　您对本专业学风的评价是　[单选题]

选项	小计	比例
非常好	4	4.76%
好	16	19.05%
一般	44	52.38%
差	10	11.9%
非常差	10	11.9%
本题有效填写人次	84	

第 21 题　您对您所在办学项目的前景感到　[单选题]

选项	小计	比例
很有信心	6	7.14%
有信心	15	17.86%
较有信心	30	35.71%
没有信心	13	15.48%
很担忧	12	14.29%
不清楚	8	9.52%
本题有效填写人次	84	

第 22 题　您所在年级：　［多选题］

选项	小计	比例
11 中德物流	5	5.95%
12 中德物流	5	5.95%
13 中德物流	8	9.52%
14 中德物流	20	23.81%
15 中德物流	23	27.38%
16 中德物流	40	47.62%
本题有效填写人次	84	

第 23 题　您是否为独生子女：　［单选题］

选项	小计	比例
是	52	61.9%
否	32	38.1%
本题有效填写人次	84	

第 24 题　您的家庭所在地：　［单选题］

选项	小计	比例
城市	47	55.95%
城镇	16	19.05%
农村	21	25%
本题有效填写人次	84	

参考文献

[1] 谭贞,刘海峰.我国本科高校中外合作办学的历史、现状与展望[J].中国高等教育,2019(12):10-12.

[2] 黄桂芳.博洛尼亚进程视阈下我国中外合作办学质量保障体系的建设[J].黑龙江高教研究,2011(11):40-43.

[3] 杨移贻.从博洛尼亚进程看两岸四地高等教育一体化前景[J].现代教育管理,2010(10):108-111.

[4] 李化树.建设欧洲高等教育区:聚焦博洛尼亚进程[M].北京:人民出版社,2013.

[5] 赵彦志,孟韬.中外合作办学质量保障体系研究[M].大连:东北财经大学出版社,2015.

[6] 张帆.我国高校中外合作办学现状分析及质量保障对策研究[D].扬州:扬州大学,2013.

[7] 林金辉.别拿旧眼光看中外合作办学新常态[N].中国教育报,2015-12-2(2).

[8] 苏林琴.地方高校中外合作办学模式分析[J].北京教育(高教版),2013(9):20-22.

[9] 王洁方.整合型教学模式下中外合作办学质量管理中的矛盾因素分析[J].教育教学论坛,2012(30):79-80.

[10] 孙泽文,叶敏,刘俊平.中外合作办学教学质量内部监控及其体系构建[J].教育与教学研究,2011,75(1):64-68.

[11] 张俊娥.试析应用型高校管理类专业实践教学体系:以物流管理专业为例[J].黑龙江高教研究,2013(2):166-169.

[12] 王东方,沈慧芳.应用型本科院校物流管理专业实践教学体系建设研究[J].物流技术,2016,35(4):168-171,175.

[13] 李正锋.基于企业需求的应用型本科物流管理专业实践教学体系设计[J].物流工程与管理,2009,31(8):156-157.

[14] 王松,曲慧梅,徐长冬.应用型本科院校物流管理专业学生创新能力培养研究[J].物流科技,2013(9):23-24,27.

［15］ 肖怀云.探索大学生物流设计大赛在物流实践教学中的应用[J].物流科技，2011(1)：30-32.

［16］ 娜仁图雅.论物流管理专业实践教学体系的内涵建设[J].内蒙古财经大学学报，2013，11(2)：41-45.

［17］ 潘旭阳，陈飞，袁龙.面向职业岗位群的物流管理类专业实践教学体系研究：以北部湾经济区(广西)为例[J].物流工程与管理，2014，36(4)：164-167.

［18］ 胡玉洲.新常态下物流管理专业学生创新能力培养方式研究[J].交通企业管理，2016(4)：70-73.

［19］ 孟韬，曹依霏.英国高等教育质量保障中主体多元化的经验与启示[J].世界教育信息，2013(21)：33-37，43.

［20］ 李华军，邓孙棠.地方普通本科高校转型发展下财务管理课程标准建设[J].财务月刊，2016(21)：121-124.

［21］ 童杰，李郡.本科应用型人才评价指标体系构建：基于AHP—模糊综合评价模型的建立[J].应用型高等教育研究，2016，1(1)：58-64.

［22］ 杨正强.试论KPI视角下的应用型本科院校教育质量标准的建设[J].国家教育行政学院学报，2014(1)：69-72.

［23］ 赵磊，姚则会，张洪.地方高校应用型本科专业评判标准体系研究[J].河南科技学院学报(社会科学版)，2014(2)：8-10.

［24］ 殷永建.高校中外合作办学项目质量评价体系建构[J].黑龙江教育学院学报，2011，30(4)：23-26.

［25］ 杨小燕，马澜.基于因子分析法的高校中外合作办学评价体系研究[J].河南工程学院学报(自然科学版)，2010，22(4)：23-26.

［26］ 吴涛.试论我国高等教育质量保障中政府责任的问题与对策[J].大观周刊，2012(5)：86，106.

［27］ 高艳昕.构建中外合作办学内部质量保障体系的创新型途径[J].中北大学学报(社会科学版)，2014，30(5)：69-72.

［28］ 张国玉，余斌.高校绩效评估量化方法研究评价：论因子分析法在高校绩效评价中的应用[J].大学(研究与评价)，2007(12)：49-53.

［29］ 占小华.高校中外合作办学质量评价指标体系研究[J].继续教育研究，2014(11)：4-7.

［30］ 马庆国.管理统计：数据获取、统计原理、SPSS工具与应用研究[M].北京：科学出版社，2015.

［31］ 张萌物，王倩.高校教师教学评价与科研评价指标因子分析[J].未来与发展，2016(1)：53-61.

［32］ 张晶，汤建.安徽省高等教育中外合作办学的现状、问题与对策：基于中部六

省和江浙沪的对比分析[J].重庆高教研究,2017,5(3):105-114.

[33] 杨琼,侍伟民.中英合作办学的现状及其发展[J].高教发展与评估,2017,33(4):76-84.

[34] 吕红,陈浩琛,陈立波.高职院校中外合作办学项目质量保障的实证研究[J].中国职业技术教育,2017(6):19-31.

[35] 陈慧荣.中外合作大学人才培养模式研究[D].兰州:兰州大学,2016.

[36] 刘孙渊.江苏省高等教育中外合作办学的政策考察[D].南京:南京师范大学,2011.

[37] 龙飞.德国应用技术大学(FH)对我国新建本科高校转型的启示[D].重庆:西南大学,2015.

[38] 曾健坤.中外合作办学大学本科课程研究:基于几所大学的案例分析[D].长沙:湖南师范大学,2016.

[39] 杨海怡.上海高等教育中外合作办学模式的研究[D].上海:上海师范大学,2013.

[40] 张大良.把握"学校主体、地方主责"工作定位 积极引导部分地方本科高校转型发展[J].中国高等教育,2015(10):23-29.

[41] 蔡敬民,魏朱宝.应用型本科人才培养的战略思考[J].中国高等教育,2008(12):58-60.

[42] 余国江.课程模块化:地方本科院校课程转型的路径探索[J].中国高教研究,2014(11):99-102.

[43] 许徐,缪群道,陶龙泽.六位一体:新建本科院校转型发展中师资队伍建设路径思考[J].常熟理工学院学报,2015(6):11-14.

[44] 马长世.德国"双元制"为何在我国难"生根"[J].职业技术教育,2013,34(24):74-77.

[45] 徐纯,钱逸秋.高等教育与职业教育共融下的德国"高等双元制课程"[J].职业技术教育,2015,36(20):72-75.

[46] Ebner,Christian(2013):Erfolgreich in den Arbeitsmarkt? Die duale Berufsausbildung im internationalen Vergleich. Frankfurt/New York:Campus.

[47] 陈江华、刘鑫、贾佳.中德合作经济工程专业本土化及其表现[J].应用型高等教育研究,2017(6):25-29.

[48] 林健.多学科交叉融合的新生工科专业建设[J].高等工程教育研究,2018(1):32-45.

[49] [法]涂尔干.教育思想的演进[M].李康,译.北京:商务印书馆,2016.

[50] "新工科"建设复旦共识[J].高等工程教育研究,2017(1):10-11.

[51] 新工科建设指南("北京指南")[J].高等工程教育研究,2017(4):20-21.

[52] 郑文涛."双一流"背景下的高校交叉学科建设研究[J].首都师范大学学报(社会科学版),2018(1):160-166.

[53] Willi Prion. Ingenieur und Wirtschaft: Der Wirtschafts-Ing-enieur: Eine Denkschrift über das Studium von Wirtschaftund Technik an Technischen Hochschulen[M]. Berlin, Springer Berlin Heidelberg (4. Verlag), 2013: 38-60.

[54] 钟秉林.建设现代大学制度、推进高校内涵发展[J].探索与争鸣,2017(8):33-38.

[55] "新工科"建设行动路线("天大行动")[J].高等工程教育研究,2017(2):24-25.

[56] 宋玉军.经济工程专业本土化的构想与实践:基于合肥学院中德合办专业的经验及启示[J].应用型高等教育研究,2017(3):58-61.

[57] 教育部.教育部关于公布2016年度普通高等学校本科专业备案和审批结果的通知[EB/OL].[2017-03-17][2018-03-25]. http://www. moe. gov. cn/srcsite/A08/moe_1034/s4930/201703/t20170317_299960. html.

[58] Hochschlen auteinen Blik, 2016[EB/OL]. (2018-06-05)[2018-03-05]. http://www. destails. de/DE/Pubikationen/The matisch/Bilding Forschungkultur/Hochschulen/Broschuere Hochulen Blickoll0010167004. pnt? -bolb=Publication File.

[59] 林健.新工科建设:强势打造"卓越计划"升级版[J].高等工程教育研究,2017(3):7-14.

[60] 钟秉林、方芳.一流本科教育是"双一流"建设的重要内涵[J].中国大学教学,2016(4):4-16.

[61] Willi Prion. Ingenieur und Wirtschaft: Der Wirtschafts-Ing-enieur: Eine Denkschrift über das Studium von Wirtschaft und Technik an Technischen Hochschulen [M]. Berlin, Springer Berlin Heidelberg (4. Verlag), 2013: 38-60.

[62] Information-zum-studium, Universitaeten-und-hochschul-en, [EB/DL]. [2017-05-05]. http://www. vwi. org/hauptmenue/beruf-studium/information-zum-studium/universitaeten-und-hochschulen. html.

[63] Bildung und Kultur. Studierende an Hochschulen, [EB/DL]. [2014-04-23]. https://www. destatis. de/DE/Publikationen/Thematisch/Bildung Forschung Kultur/Hochs-chulen/Studierende Hochschulen Endg 2110410137004. pdf? __blob=publication File.

[64] 李益.当代德国职业教育与高等教育的关系、融通与交叉[J].德国研究,

2016(3):117.

[65] Ulrich Bauer, Employability: Welche Kompetenzen forde-rn Unternehmen von TU-Absolventen?, Industrial Engi-neering and Management, DOI 10. 1007 /978-3-658-12097-9_1, PP17-19, 2016.

[66] 李克强. 聚焦发展 共创繁荣以国际产能合作推动互利多赢[EB/DL]. [2015-07-02]. http://news. xinhua-net. com/world /2015-07/02/c_1115790263. htm.

[67] 陈涛. 高等教育学科专业目录:问题与逻辑[J]. 西南交通大学(社会科学版),2015(3):43.

[68] Wirtschaftsingenieurwesen[EB/OL]. https://de. wikipedia. org/wiki/Wirtschaftsingenieurwesen.

[69] 叶飞帆. 高校怎么向应用型人才培养转型[N]. 光明日报,2014-11-25(13).

[70] 国家中长期教育改革和发展规划纲要(2010 — 2020)[EB/OL]. (2010-07-29)[2017-06-20]. http://www. moe. edu. cn/publicfiles/business/htmlfiles/moe/moe_838/201008/93704. html.

[71] 教育部、国家发展改革委、财政部. 关于引导部分地方普通本科高校向应用型转变的指导意见[EB/OL]. (2015-11-13)[2017-06-20]. http://www. moe. edu. cn/srcsite/A03/moe_1892/moe_630/201511/t20151113_218942. html.

[72] 孙诚. 引导部分普通本科高校向应用型转变势在必行[EB/OL]. (2015-11-15)[2017-06-20]. http://www. moe. edu. cn/jyb_xwfb/moe_2082/zl_2015n/2015_zl58/201511/t20151115_219016. html.

[73] 张文兵. 合肥学院:"八个转变"提升应用型人才培养质量[EB/OL]. (2015-11-27)[2017-06-27]. http://edu. people. com. cn/n/2015/1127/c1053-27865572. html.

[74] 王欢. 基于 MOOC 的国际物流教学模式探究[J]. 物流科技,2016(9):155-158.

[75] 欧阳小迅,戴育琴. 构建国际物流专业实践教学体系的探讨[J]. 物流工程与管理,2013,35(7):182-183,186.

[76] 孙家庆. 国际物流操作风险防范[M]. 北京:中国海关出版社,2009.

[77] 刘联辉,程赐胜. 导入 CDIO 理念:创新物流本科教育[J]. 中国市场,2010(23):6-8.

[78] 高艳,刘新红,杨延娇. 物流管理专业本科生研究性学习模式探索[J]. 物流科技,2011,34(5):30-32.

[79] 夏晓曦.《物流管理信息系统》课程设计教学方法研究[J]. 物流科技,2014,37(4):128-130.

[80] 李家斌. 物流管理专业实践教学研究综述[J]. 物流技术,2014,33(1):390-392.

[81] 丁小龙. 案例教学法在物流管理课程教学中的应用研究[J]. 教育教学论坛,2013(49):86-88.

[82] 刘长石,周敏. 物流管理专业本科层次实践教学研究[J]. 物流工程与管理,2015(7):258-259.

[83] 王龄萱. 物流管理专业专业课教学评价研究[J]. 中国物流与采购,2015(17):76-77.

[84] 谭希培. 大学生思想热点问题导向:深化思想政治理论课专题教学的一条途径[J]. 思想理论教育导刊,2011(1):63-65.

[85] 庄严. 成功的思想政治教育:关注差异性增强针对性[N]. 中国教育报,2007-04-17.

[86] 李耿,徐雯星,张新元等. 中德大学地学人才培养模式的对比初探[J]. 中国地质教育,2011,20(2):111-114.

[87] 郑静. 关于德语应用型人才培养的思考[J]. 现代教育管理,2013(18):47.

[88] 俞松. 中德合作办学框架下的德语教学改革试验[J]. 新课程研究(中旬刊),2013(10):101-104.

[89] 翁震华,王群珉. 论中外联合培养应用型人才的外语素质构建:中德联合培养项目 10 年德语教学改革实践[J]. 浙江科技学院学报,2010,22(5):438-442.

[90] 雷佼. 初中英语小班化教学研究[D]. 武汉:华中师范大学,2011.

[91] 史国栋,贝绍轶,王维倩等. 中德合作办学机制研究与模式探索[J]. 江苏技术师范学院学报(自然科学版),2008,14(4):56-62.

[91] Brinker,Klaus:Zum Textbegriff in der heutigen Linguistik. In:Studien zur Textthorie und zur deutschen Grammtik. H. Sitta, u. k. Brinker. Düsseldorf,1973:45-48.

[92] Beaugrande,Robert/Dressler,Wolfgang:Einführung in die Textlinguistik. Tübingen:Niemeyer,198:22-24.

[93] 张德禄. 英语的衔接[M]. 北京:外语教学与研究出版社,2007.

[94] 唐进伦. 德语篇章语言学[M]. 北京:外语教学与研究出版社,2013.

[95] 孟翰,滕楠,(德)马龙. TestDaF 德福应试全攻略[M]. 上海:同济大学出版社,2014.

[96] Berry J W,Poortinga Y P,Segall M H,et al. Cross-Cul-tural Psychology:Research and Applications (2nded.)[M]. Cambridge (UK):Cambridge University Press,2002.

[97] Berry J W. Psychology of Acculturation:Understanding Individuals Moving between Cultures. In:R Brislin ed. Applied Cross-cultural Psychology [M]. Newbury Park,CA:Sage,1990.

[98] Ward C,Kennedy A. Locus of Control,Mood Disturbance and Social Difficulty during Cross-cultural Transitions[J]. International Journal of Intercultural Relations,1992,16(3):175-194.

[99] 陈慧,车宏生,朱敏. 跨文化适应影响因素研究述评[J]. 心理科学进展,2003,11(6):704-710.